现代企业管理基础
与实务创新研究

尹泽诚 杨 毓 著

吉林出版集团股份有限公司
全国百佳图书出版单位

图书在版编目（CIP）数据

现代企业管理基础与实务创新研究 / 尹泽诚, 杨毓著. -- 长春：吉林出版集团股份有限公司, 2023.4

ISBN 978-7-5731-3295-6

Ⅰ.①现… Ⅱ.①尹… ②杨… Ⅲ.①企业管理—研究 Ⅳ.①F272

中国国家版本馆CIP数据核字(2023)第082511号

现代企业管理基础与实务创新研究
XIANDAI QIYE GUANLI JICHU YU SHIWU CHUANGXIN YANJIU

著　者	尹泽诚　杨　毓
出 版 人	吴　强
责任编辑	孙　璐　王　博
开　本	787 mm × 1092 mm　1/16
印　张	7.75
字　数	180千字
版　次	2023年4月第1版
印　次	2023年8月第1次印刷
出　版	吉林出版集团股份有限公司
发　行	吉林音像出版社有限责任公司
	（吉林省长春市南关区福祉大路5788号）
电　话	0431-81629679
印　刷	三河市嵩川印刷有限公司

ISBN 978-7-5731-3295-6　　　定　价　58.00元

如发现印装质量问题，影响阅读，请与出版社联系调换。

PREFACE

  创新驱动是我国经济持续发展的必经之路。在把创新和创业的重要性推到如此高度的今天，人们不再怀疑创新的重要性，但如何管理创新仍然是值得持续讨论的问题。

  企业创新包括观念创新、技术创新、制度创新、管理创新、产品创新、市场创新、营销创新等内容，是企业以市场为导向，根据市场竞争以及企业生存、发展的需要，对企业的经营理念、经营制度、生产要素、经济行为和存在方式等进行新的调整、组合的行为和过程。

  自主创新、建设创新型国家是关系我国科技、经济发展的重大战略问题，是推动经济结构调整的中心环节，是转变增长方式的重要手段，是提高国家竞争力的迫切要求，已成为全国人民的奋斗目标和我国科技工作的战略任务。现阶段是我国实施国家创新发展战略的关键时期，企业作为国家创新的重要行为主体，必须加强建设和完善企业创新体系，这既是落实创新发展理念的必然要求，也是企业可持续发展的必要途径。我国很多企业都处于技术创新和管理创新的转接阶段，企业能否以管理创新推动企业发展是企业兴衰的关键。企业应该进行哪些管理创新、如何进行管理创新、企业选择创新有多大的风险，是我国企业面临的迷茫和困惑。

  本书以辩证的观点对我国企业管理在以上环境中的创新进行研究和探讨，期望能为读者开阔创新企业管理清晰的视野和提供有益的启迪。

  由于作者水平有限，时间仓促，书中难免会存在一些缺点和不足，恳请读者批评、指正。

尹泽诚 杨 毓
2022 年 10 月 28 日

CONTENTS

第一章 现代企业管理概述 1
    第一节 企业与企业管理的本质 1
    第二节 企业管理的原理与职能 13
    第三节 企业管理基础工作与管理现代化 18

第二章 现代企业制度 26
    第一节 企业制度 26
    第二节 现代企业制度 28
    第三节 国有企业的公司制改造 31

第三章 现代企业组织 33
    第一节 企业组织及其管理原则 33
    第二节 企业组织机构 37
    第三节 企业组织结构类型 43

第四章 现代企业经营环境 53
    第一节 企业的环境 53
    第二节 企业的外部环境分析 54
    第三节 企业的内部环境分析 60
    第四节 企业的竞争环境分析 62

第五章 现代企业文化管理 66
    第一节 企业文化概述 66
    第二节 企业文化的基本内容 68
    第三节 企业文化建设 72

第六章 现代企业财务管理 ... 78
第一节 财务管理概述 ... 78
第二节 资金时间价值 ... 83
第三节 筹资和投资管理 ... 91
第四节 成本费用管理 ... 95
第五节 收入和利润管理 ... 97
第六节 财务报表与财务分析 ... 100

第七章 创业型管理与企业创新 ... 105
第一节 创业型企业的创建 ... 105
第二节 企业可持续发展与创新 ... 108
第三节 企业创新管理 ... 109

参考文献 ... 115

第一章

现代企业管理概述

企业是国民经济的基本单位,主要从事生产、流通和服务等经济活动。现代企业管理通过计划、组织、指挥、协调、控制等作用于生产经营活动,取得良好的经济效果。现代企业管理既是一门科学,也是一门艺术。科学重在规律,艺术重在创新。

第一节 企业与企业管理的本质

一、企业和企业管理的含义

(一)企业的概念和类型

1. 企业的概念

企业是指从事生产、流通和服务等经济活动,为满足社会需要和获取盈利,实行自主经营、自负盈亏、自我发展、自我约束,具有法人资格(或自然人)的经济组织。企业的概念大致包括以下四个方面的含义。

(1)企业是经济实体。企业不同于事业单位、政府部门,它必须追求经济效益、获取盈利。盈利是企业创造价值的重要组成部分,也是社会对企业所生产的产品和服务能够满足社会需要的认可和报酬。在市场价格体系理顺的情况下,一般来说,为社会作出的贡献越多，企业取得的合理利润越多；反之，利润越少的企业对社会贡献越小。从这个角度来看，确保获得合理的利润，不仅是企业的目标，而且是企业对社会承担的重大责任。

（2）企业必须自主经营和自负盈亏。企业要获取盈利，就必须保证自己的产品和服务在品种、质量、成本和供应时间上能随时适应社会和消费者的需求。为此，企业除了加强内部管理外，还必须对社会环境的变动及时主动地做出反应，也就是要具有经营上的自主权。权利和义务是对等的，企业要有经营自主权，就必须进行独立核算，承担其行使经营自主权所带来的全部后果，即必须自负盈亏。

（3）企业必须承担社会责任。"为满足社会需要"不仅指满足顾客和用户的需要，而且包括满足股东、银行、职工、供货者、交易对象、地区以及一切与之相关的社会团体的需要。当然，这些需要有时是存在矛盾的，企业必须妥善处理才能得以生存和发展。这就决定了企业应该承担社会各方面的责任。企业的社会责任还表现在为社会提供就业的机会、防止环境污染及节约资源等方面。

（4）企业必须以自己的名义进行民事活动，享有民事权利和承担民事义务。企业应具备以下几个条件：①必须正式在政府有关部门注册备案，完成登记手续；②应有专门的名称、固定的工作地点和组织章程；③具有独立的资产，实行独立核算；④能独立对外开展经营活动。

2. 企业的分类

（1）按照企业所有制形式的不同，可将企业划分为全民所有制企业、集体所有制企业、合资企业、股份合作制企业等。全民所有制企业是由国家出资兴办，并由国家代表全体劳动人民共同占有生产资料的企业，是我国公有制的主要形式。集体所有制企业是由部分劳动者共同出资、共同占有生产资料和劳动产品的企业。合资企业是由两个以上的自然人或法人共同出资的企业。股份合作制企业是指劳动者依照法定程序，以资金、实物、技术、劳动力等方式投资入股，全部资产由参与合作并投资入股的全体劳动者共有的企业。

（2）按照企业不同生产力要素的比重，可将企业划分为劳动密集型企业、资金密集型企业和知识密集型企业。劳动密集型企业指活劳动所占比重较大、资本有机构成低的企业，如一些生产技术水平较低的中小型企业和农业企业。资金密集型企业（或技术密集型企业）指投资大、技术装备程度较高、劳动力比重小的企业，如机械工业企业、化工企业等。知识密集型企业指综合运用先进科学技术成就，所用人员中，中、高级技术和科研人员比重较大，所投入的科研时间和产品开发费用较高，能生产高、精、尖产品的企业，如高新技术企业、软件开发生产企业等。

（3）按照企业规模大小，可将企业划分为大型企业、中型企业和小型企业。企业规模一般指企业生产能力、机器设备数量或装机容量、固定资产原值和职工人数等几个方面的规模和能力。衡量企业规模大小的具体数值和内容重点无固定指标，随着科学技术水平和生产社会化程度的不断提高以及行业的不同而有所不同。

（4）按照企业组织形式不同，可将企业划分为单厂企业、多厂企业、公司制企业、企业集团、跨国企业等。单厂企业，即一个企业只有一个工厂或公司，没有分厂或分公司。多厂企业，即一个工厂下面往往有两个或两个以上的分厂或分公司。公司制企业，即由两个以上的投资者出资，按照一定的法律程序组建的以营利为目的的组织，是企业的高级组织形式。企业集团是一种在经济联合基础上建立密切联系的企业群体组织，其形式和规模随经营范围不同而多种多样，有的以工业生产为主，有的是生产和科研相结合，有的是产学研贸相结合，有的是工贸结合，等等。企业集团是公司制企业的高级化发展，具有多种多样的功能，实行多样化经营。由于其规模大、实力强，一般都会发展成为跨地区、跨国界的跨国企业。

（二）管理与企业管理

1. 管理的含义

随着生产力的发展，人类生产日趋社会化和专业化。社会化大生产提出了分工合作的要求。劳动者之间如何分工和协作才能提高效率并取得最佳的效果？这就需要管理。世界人口的增加、科学技术的进步，使人类认识到资源的有限性和人类欲望的无限性及目标多样性之间存在着矛盾。解决这个矛盾，需要对人类要达到的目标和资源的利用进行控制和协调，以实现资源最有效的配置和目标的优化，这也需要管理。从这些意义上来说，社会各个层次、各个领域，甚至每个人都存在管理问题。

管理作为一种人类的实践活动，虽然古已有之，但是形成一门科学却是工业革命以后、19世纪末到20世纪初的事。遗憾的是，到目前为止，管理一词还没有一个统一的、为大多数人所接受的定义。原因是，不同的人在研究管理时的出发点不同、角度不同，对管理所下的定义也不同。强调工作任务的人认为，"管理就是由一个或多个人来协调其他人的活动，以便收到个人单独活动所不能收到的1+1>2的效果"；强调个人管理艺术的人认为，"管理就是领导，就是指挥他人用最好的方法工作"；强调决策作用的人认为，"管理就是决策，决策的难点在选择，选择的难点在标准，标准的难点在排序"；强调管理过程的人认为，"管理就是为了达到一定的组织目标所进行的计划、组织、协调、控制等过程"；强调管理中人的因素的人认为，"管理就是调动人的积极性，通过他人的努力达到组织目标"。以上这些都从不同角度反映了管理的性质和内容。

为了对管理进行比较广泛的研究，笔者综合了多个学者对管理的理解，给管理做出如下定义：管理是通过计划、组织、指挥、协调、控制、激励等环节，有效地争取和使用人力、物力、财力、信息、时间等资源，以期达到组织目标的过程。管侧重控制，理侧重疏导和思考。在当今管理实践过程中，往往重管轻理，重控制轻激励，重效率轻价值。

2. 企业管理的含义

企业管理是根据企业的特性及生产经营规律，按照市场反映出的社会需求，对企业生产经营活动进行计划、组织、指挥、协调和激励，充分利用各种资源，实现企业不同时期的经营目标，不断地适应市场变化，满足社会需求，同时求得企业自身的发展和满足职工利益的一系列活动。这个概念包括以下几方面含义。

（1）企业管理的对象。企业的再生产活动是生产过程和流通过程的统一。企业的主要活动是内部的管理活动和涉及外部的经营活动。企业管理的对象：一是人，管理要点是如何管住、管活；二是物，要静态管物、动态管钱；三是事，做事的原则是做正确的事比正确做事更重要。

（2）企业管理的主体。企业是由管理者来管理的。凡是参与管理的人，包括企业的高层领导、中层领导、基层领导在内，都是管理主体。企业的总体发展，一般是由企业的负责人以及以他们为中心组成的企业管理系统来实行的。

（3）企业管理的目的。管理是一种有意识、有组织的动态活动过程。企业管理的目的是实现组织目标，合理地利用资源，在满足社会需求中获得更多的利润。

（4）企业管理的依据。企业管理是管理者的主观行为。要使主观行为变成可行的客观活动并取得客观效果，就必须使管理者的行为符合客观规律。所以，管理的依据是企业的特性及由此表现出来的生产经营规律。可以说，企业管理的成效如何取决于管理者认识和利用生产经营规律的程度，以及主观能动性的发挥程度。

二、企业管理的要素与本质

（一）企业管理的七大要素

企业管理活动过程中涉及的一些重要因素称为企业管理要素。它们既是企业管理活动的对象，也是开展生产经营活动的基础；既对管理过程及管理效果产生影响，也是认识和掌握企业管理内在联系和机制的关键所在。企业管理到底包括哪些要素，对此目前还没有统一的认识，产生不同说法的原因是人们评价重要性的尺度不同。其中比较全面完整的是七要素说。

1. 人员

人是企业的主体。在现代企业管理诸要素中，人是最活跃、最积极并起决定性作用的要素。企业管理应重视人的巨大内在潜力，通过科学的方法调动企业内所有人员的积极性，使企业中每一名职工都能尽其所能、展其所长，自觉努力地工作。人员又是企业管理的首要对象，在这方面的工作主要包括员工招募、教育培训、考核奖惩、升降任免等。

2. 资金

资金是企业生产经营活动的核心，提高资金效益是企业管理的重要目标之一。企业生产经营过程的实质是资金不断运动的过程，随着资金不断运动和增值，最终实现企业的生存与发展。因此，加强资金的运营管理，实现较高的资金回报率，是现代企业管理必须高度重视的首要问题。在资金方面的工作主要包括：资金筹集、预算编制、成本核算、价格制定、利润管理等。

3. 设备

设备是固定资金的实物形态，也是生产经营活动的主要物质基础之一。它反映企业机械化、自动化的程度，标志企业现代化程度和科学技术水平。企业设备状况如何，不仅直接影响企业产品的品种、产量、质量、劳动生产率、原材料、燃料、动力的消耗，而且影响企业的成本、利润、交货期、安全生产、环境保护、生产秩序和员工的工作情绪。因此，抓好设备要素，对于提高企业经营管理水平、提高企业经济效益有重要意义。这方面工作主要包括生产经营活动中使用的各种机械、动力、运输设备、仪器、仪表、装置、房屋建筑物等的现场管理和使用管理。

4. 物料

物料是指工业企业生产过程中的原、辅材料和商业企业经营活动中的商品，它们既是流动资金的实物形态，也是生产经营活动的主要物质基础之一。这方面的工作主要包括工业企业的原、辅材料的采购、包装、储运、检测、收发管理，商业企业的商品进货、储运、质检、保管、发货管理等。

5. 方法

企业的生产经营过程包括产品的生产过程和产品的销售过程。就产品的生产过程而言，方法主要是指对具体过程的动态管理，主要包括生产计划的制订、操作过程的监督、产品质量的控制、工艺流程的保证、技术革新和技术改造等。就产品的销售过程而言，方法则是指对销售过程的动态管理，主要包括售前、售中、售后服务的方法、措施和过程的监督管理、促销手段的运用管理等。

6. 市场

市场是实现企业目标的关键，是企业管理的重要环节。这方面的工作主要包括信息的收集、整理、分析、使用过程的管理，市场预测和开拓管理，新产品开发、研制和推广管理，企业形象、公关关系和营销策划管理等。

7. 工作精神

工作精神需要企业有目的的培育、相关机制的促进和各种制度的保证，因此也属于企业管理的范围。这方面的工作主要包括敬业精神的培养、工作效率的提高、企业文化的培育、激励机制的形成等。

（二）企业管理的四项内容

根据企业生命周期，可将企业管理内容归纳为以下四个方面：

1. 诞生。包括注册公司、项目投资与融资、项目管理等。
2. 成长。包括发展速度、运营管理、人力资源、企业形象等。
3. 稳定。包括技术创新、管理创新、市场创新、战略变革。
4. 衰退。包括组织整合、资本整合、策略调整、战略转型。

（三）企业管理的本质

企业管理的本质可以归纳为以下四个方面：

1. 管理是分工协作劳动的产物，又是协作劳动的基础

自古以来，人类在与严酷的自然环境做斗争的过程中，通过共同劳动得到所需的物质资料，同时联合起来抵御外部的侵害（这也是一种共同劳动）。有共同劳动就要有分工协作，从而产生组织、指挥和协调问题，解决这些问题的方法和过程就是管理。由此得出，管理既是协作劳动的产物，又是协作劳动的基础的结论。

2. 管理是一种科学方法

管理属于方法范畴，它依据生产过程中各个环节的内在联系，遵循"以尽可能少的

投入获得尽可能多的产出"这一基本原则,确定企业活动的目标、方法和过程,设计组织机构的层次和岗位,以及相互联系和运行的环节、渠道与规则,并赋予每个环节、层次和岗位以一定的职能、责任及相应的权利,通过监督和控制以保证管理目标的实现,同时采用行政和经济的奖罚措施,提高管理过程的有序性和有效性。

3. 管理是一种生产力

管理的作用是把生产经营过程中的物质资料、劳动力、资金和技术组织在一起,使它们协调运作,产生应有的效益。离开管理,即使有再多的人力、再先进的技术、再精良的设备、再丰厚的资金,也难以得到较好的经济效益。只有把管理水平提高了,才能实现各要素间结合状态的改善,减少资源消耗,产生更高的经济效益。

三、企业管理的基本理论

现代企业理论从产生至今已有100多年的历史,在这一发展过程中经历了许多阶段,产生了大量的理论和观点。这些理论和观点在管理实践发展中都起过重要的指导作用。学习这些管理理论,对于全面了解管理的内容,深入认识管理的本质,掌握管理的内在规律,从而更自觉地运用理论来指导管理活动都有非常重要的意义。

(一)古典管理理论

19世纪末到20世纪20年代,被视为管理理论体系正式形成的时期,是管理科学发展的第一阶段,称为古典管理理论阶段。

1. 科学管理理论

该理论研究者提倡要用科学思想、科学方法来处理和解决企业管理问题。科学管理理论的要点如下:

(1)运用观测分析方法制订工时定额。该理论研究者首创了工时研究和操作方法研究。他选择最强壮、最熟练的工人,对每一个操作的动作、每一工序的时间消耗,用秒表进行观测、记录和分析研究,消除了其中多余的和不合理的动作,把各种最经济、效率最高的动作集中起来,制订出标准的操作方法和工时定额,并且用这种标准的操作方法训练工人,要求工人执行工时定额。

(2)把工人使用的工具、设备、材料及作业环境标准化。该理论研究者认为,为了使工人完成较高的工时定额,不仅要使工人掌握标准的操作方法,而且要适应标准操作方法的要求,把工人使用的工具、设备、材料及作业环境标准化。

(3)实行有差别的计件工资制。为了鼓励工人完成工时定额,该理论研究者提倡实行有差别的、有刺激性的计件工资制,对于完成工时定额的人,按较高的工资率计发工资;如果完不成工时定额,则按较低的工资率计发工资。

(4)把计划职能和执行(作业)职能分开,以便用科学的方法代替原来的经验工作法。该理论研究者认为,要改变原来那种经验工作法,必须把计划职能和执行职能分开。计划职能归企业管理部门,并设立专门的计划部门来承担。他认为,工人的职责就是服从管理部门的命令,就是从事执行职能,并根据执行的情况领取工资。

（5）对于管理组织问题，该理论研究者有两项主张：一是实行"职能制"，即每一个管理者只承担一两种管理职能，同时每一个管理者对工人都有指挥监督权；二是主张实行"例外原则"。所谓"例外原则"，就是企业领导者把管理工作中经常发生的一些事，拟就处理意见，使之规范化，然后授权给下级管理人员处理，而自己主要去处理那些没有规范化的例外工作，并保留监督下属人员工作的权力。这种"例外原则"对实行分权制有重要意义。

2. 组织管理理论

该理论研究者认为，经营和管理是两个不同的概念。企业的经营有六种活动是不可缺少的，而管理只是其中的一项活动。这六种活动是：）技术活动，包括生产、制造、加工；管理活动，包括计划、组织、指挥、控制、协调等职能；财务活动，包括资本筹措和运用；安全活动，包括保护财产和人员；会计活动，包括资产目录、借贷对照、成本核算、统计等；商业活动，包括采购、销售、交换。

该理论研究者还根据自己长期的管理实践，总结出十四项管理的一般原则。

（1）劳动分工。分工可以提高效率，因而有普遍意义。劳动分工不仅适用于技术工作，而且适用于管理工作，适用于职能专业化和权限的划分。

（2）权力和责任。权力是指发布命令要求别人服从。权力有职权和个人权力之分。职权是由管理人员的职务或地位决定的，个人权力则是由管理人员的经验、智力、领导能力、资历构成的。权力与责任应当对等。

（3）纪律。纪律的实质是遵守公司各方达成的协议。

（4）统一指挥。如果是双重或多重指挥，纪律就无法保证，秩序就会紊乱，权力和纪律就要受到影响。

（5）统一领导。它是保证行动的统一、力量的协调和集中努力的关键。下属只执行来自一个上级的指挥和决策，并只和这个上级联系。

（6）个人利益服从整体利益。整体大于各部分之和，要克服一切企图将个人或小集团利益置于整体利益之上的个人情绪。

（7）人员的报酬。报酬必须公正，对有贡献的职工进行奖励。报酬的方式取决于多种因素，目的都是激发职工的工作热情。

（8）集中。企业的集权和分权要根据企业的规模、条件、管理的习惯、管理人员的素质、经理个人的性格等因素决定。

（9）等级制度。最高层领导到基层职工之间存在着一条等级链，它是执行权力的路线和信息传递的渠道。

（10）秩序。在企业中，人和物都要有自己的位置，职位要适合于职工的才能水平，有秩序地活动和排列。

（11）公平。公平即为亲切、友好和公正的态度。用这种态度对待职工，可以鼓励职工积极地履行他们的职责。

（12）人员的稳定。成功的企业管理人员相对稳定。领导人要有秩序地安排人员，并补充人力资源。

（13）首创精神。企业职工的主动性和创造性是企业力量的源泉，必须鼓励职工发挥主动性和创造性。

（14）人员的团结。企业管理者应鼓励职工发扬团结合作精神，保持队伍的融洽与和谐。

该理论研究者认为，管理是一门科学，适用于所有具有组织性质的机构。他在管理过程中和管理组织方面的开创性研究成果，特别是关于管理职能的划分和管理原则的论述，对于管理理论的发展产生了深远的影响。

3. 理想行政组织理论

理想行政组织理论的主要内容可以分为两大部分：一是关于组织形成的社会基础；二是关于"理想的行政组织模式"。

理想的行政组织模式具有如下特点：

（1）有明确的分工。组织按照需要设置各种职位，每个职位都有明确规定的权利和义务，以及固定的办事程序。

（2）有等级系统。组织中各个职位按照自上而下的原则构成等级系统，每个下级要接受其上级的指挥与监督。每级管理人员不仅要对自己的行为负责，而且要对直接领导的下级的行为负责。

（3）人员的任用。除了某些按法规必须通过选举产生的公职外，其他管理人员的任用完全按职位的要求来选配，通过培训，考核录用。

（4）最高领导者。组织的最高领导者是组织中的一名员工。他拥有行使权力的法定手段，必须按法规进行管理，不得利用职位谋取私利。

（5）人员之间的关系。组织是非人格化的，成员之间只是一种职业关系，应将理性作为指导相互往来关系的准则。

（6）管理人员职业化。组织中的管理人员是专职的，领取固定的薪金，并明文规定升迁制度，工作中的功过由上级主管评判。

（7）规则和纪律。管理人员必须严格遵守组织的各项纪律，正确履行组织规定的职责、权力、协作形式和办事程序，以消除摩擦和冲突。

该理论研究者提倡"以法管理"，使组织机构内的关系理性化、规范化和合理化，能明显提高组织活动的效率。但这一理论没有探讨组织与环境之间的关系，又过分强调规范、程序和非人格化的关系，具有一定的局限性。

（二）行为科学管理理论

行为科学管理理论在人性方面进行探索，使管理理论进入了"社会人"的新阶段。

1. 人际关系理论

（1）人是"社会人"，而不是单纯追求金钱的"经济人"。因此，影响工作效率的因素除了经济利益外，还有社会和心理的因素。

（2）企业内部存在着非正式组织，这是工人在共同劳动中形成的非正式团体，有自己的规范、感情和倾向，并且左右着团体内每个成员的行为。在正式组织中，是以"效率的逻辑"作为行为的标准，人们为了提高效率而保持形式上的合作；而在非正式组织中，则以"感情的逻辑"作为行为的标准。在感情与效率之间，人们往往更多地受到情感的支配。因此，在管理活动中，不仅要重视正式组织的作用，而且要重视非正式组织的作用，注意保持"效率的逻辑"与"感情的逻辑"之间的平衡。

（3）工作条件和工资报酬不是影响工作效率的首要因素。工作效率的高低取决于工人的"士气"，工作条件和工资报酬只有通过"士气"才能对工作效率产生影响；而"士气"取决于社会因素特别是人际关系的满足程度，即工人的工作是否为上级、同伴和社会所承认。满足程度越高，"士气"也越高，工作效率也就越高。所以，领导要善于提高"士气"，倾听下属的意见，使正式组织的经济需求与非正式组织的社会需求保持平衡，提高工人的满足程度。

2. 激励理论

激励理论是行为科学理论的核心，主要是通过探索对人的需要的满足以达到调动人的积极性。这一理论主要包括需要层次理论、双因素理论、期望理论、公平理论、"X-Y"理论和 Z 理论。

（1）需要层次理论

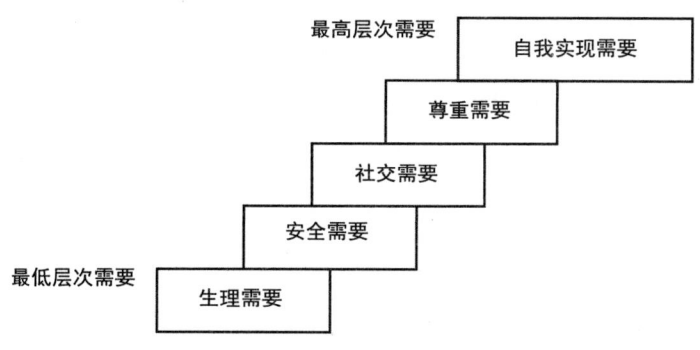

图 1-1 需要层次理论结构图

①生理需要。包括维持生活所必需的各种物质需要，如衣、食、住、行等。这些是人们最基本的需要，也是推动力最大的需要。

②安全需要。它是指心理上、物质上的安全保证。例如，预防危险事故，职业有保证，有社会保险及养老基金等。

③社交需要。包括与周围同事、朋友保持良好的关系，相互间的友爱和群体的归属感，彼此同情、互相赞许。

④尊重需要。每个人都有自尊的需要和希望他人尊重自己的需要，满足这些后，会给人带来自信和声誉。

⑤自我实现的需要，即自我成就的需要。这是最高一级的需要，是通过自己的努力，实现对生活的期望，从而真正感受到工作和生活的意义。

需要层次理论认为，人们的需要是依次要求、依次满足、逐渐上升的。该理论应用到企业管理实践中，就必须细致地了解下属的种种需要，把人们的合理需要和企业目标结合起来，做到在满足下属合理需要的同时，实现企业最终目标。

（2）双因素理论

即"激励因素—保健因素"理论。该理论研究者通过对 200 名工程师、会计师的调查，把企业中的有关因素分为满意因素和不满意因素。

满意因素指的是可以使人得到满足和激励的因素，即激励因素。其内容是：①工作上的成就感；②得到承认；③提升；④工作性质；⑤职务上的责任感；⑥个人发展的可能性。不满意因素指的是如果缺少它便容易产生意见和消极情绪，又称保健因素。其内容是：①公司的政策与行政管理；②技术监督系统；③与监督者个人之间的关系；④与上级之间的关系；⑤与下属之间的关系；⑥薪金；⑦工作安全性；⑧个人生活；⑨工作环境；⑩地位。

（3）期望理论

期望理论认为，激励人们从事某种活动的在内动力的大小，取决于活动目标对他的价值乘以目标实现的预期概率。

$$激励力（M）=效价（V）×期望概率（E）$$

在这个公式中，"激励力"是指调动个人积极性、激发人的内在潜力的强度；"激励力"越大，人们参与活动的积极性越高；"效价"是指活动目标实现后对满足个人需要的意义，也给个人带来好处，这是动机产生的主要诱因；"期望概率"则是指根据经验判断目标达到的可能性有多大。

该理论研究者还提出了期望理论模式，说明激励形式的过程，如图 1-2 所示。

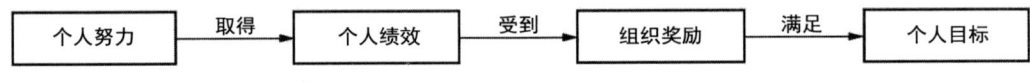

图 1-2 期望理论模式

这个模式表示，人们由于自己的努力取得了成绩，如果这种成绩得到应有的奖励，就能满足个人的心理需求，从而产生激励作用。

（4）公平理论

公平理论，又称社会比较理论，其核心是研究工资报酬的合理性、公平性与工作情绪的关系。这种理论认为，人们被激励的程度不仅与所得报酬的绝对量有关，而且与报酬的相对量有关。相对量有两种，一种是将自己的报酬与投入的比率与其他人进行比较。其公式是：

$$\frac{O_p}{I_p}=\frac{O_a}{I_a}$$

其中，O_p 是对自己所获报酬的感觉，包括工资、福利、领导赏识、受人尊敬等；I_p 是对自己所作投入的感觉，包括所受的教育、努力、工作时间、精力和其他无形损失；O_a 是对作为比较对象的其他人所获报酬的感觉；I_a 是对作为比较对象的其他人所作投入的感觉。

另一种是将现时的报酬与投入的比率与过去进行比较。其公式是：

$$\frac{O_p}{I_p} = \frac{O_h}{I_h}$$

其中，O_p、I_p 的含义与前一种一样；O_h 是对自己作为比较基期的过去某个时期所获报酬的感觉；I_h 是对自己在那个时期所作投入的感觉。

该理论研究者认为，如果人们觉得自己的报酬与投入比率与他人相等，或现时的报酬与投入比率与过去相等，就认为得到了公平待遇，因而心情舒畅，努力工作，否则就会产生不公平感，内心不满，工作积极性降低。

（5）"X-Y"理论

该理论研究者认为，传统的管理理论之所以对人的行为管理存在着不正确的看法，根本原因是对人的看法不正确，把人当作消极因素对待，对人的本性做了错误的假设，他把这种错误的假设称为 X 理论。依据 X 理论的假设，管理者必然要采取"命令与统一""权威与服从"的管理方式，管理者把人看作物体，忽视了人的自身特征和精神需要，只注意人的生理需要和安全需要。

随着社会科学的发展，该理论研究者对人的需要、行为的动机进行了重新研究后又提出了相反的假设，即 Y 理论。以这种理论指导管理实践能充分利用企业的人、财、物等生产要素，实现企业的经营目标；应发挥人的主动性和创造性，重视人的自身特征，把责任最大限度地交给工作者，相信他们能自觉地完成任务。

（6）Z 理论

①企业对职工实行长期或终身雇佣制度，使职工与企业同甘共苦，并对职工实行长期考核和逐级晋升制度，这样能使职工看到企业对他的好处，从而积极关心企业的利益和发展。

②经营者有权让职工完成生产任务，而且注意对他们的培训，以使他们能适应各种工作环境。对职工的考核要兼顾生产技术能力和社会活动能力等多方面。

③管理过程既要运用统计报表、数字信息等控制手段，又要注意对人的经验和潜在能力进行诱导。

④企业决策采取集体研究和个人负责的方式，由有关部门职工提出建议，集思广益，然后由经营者做出决策并承担责任。

⑤上下级关系要融洽，管理者对职工要多方面关心，并让职工参与管理。

Z 理论重视人的因素，强调民主和职工参与管理。

（三）现代管理理论及发展

1. 现代管理理论

在现代管理理论中，较具代表性、影响较大的学派主要有社会系统学派、决策理论学派和经验案例学派。

（1）社会系统学派

该理论研究者把人们有意识地加以协调的各种活动的系统的思想称为"组织管理"。

在企业组织中，最为关键的是经理人员，其职能应该是：①建立和保持一个信息相通的系统；②招聘和选拔称职的工作人员，使他们协调有效地工作；③规定组织的目标；④授权；⑤决策。

一个正式的组织系统必须有三个基本要素才能得以保持：①有协作的意愿；②有共同的目标；③有信息的联系。

（2）决策理论学派

该学派研究者认为，管理的关键是决策，决策的程序就是管理的全过程。"他认为，在现实生活中，决策者由于所处的环境和条件所限，既不可能找到一切方案，也不可能比较一切方案，因此，在实际上不可能进行最优化决策。人们应当用"令人满意"准则代替"最优化"准则。

他还提出了决策过程的一般程序以及程序化决策和非程序化决策。程序化决策与非程序化决策是一个连续体。其一端为高度程序化的决策，而另一端为高度非程序化的决策。该学派研究者认为，最高管理层次的人员主要应关注非程序决策，而基层管理人员通常关注程序化决策。

（3）经验案例学派（经验主义学派）

这一学派的基本管理思想是：管理学就是研究管理经验。通过研究管理中的成功经验或失败教训，或通过解决管理工作中的问题，就能理解管理问题。

该学派研究者认为，管理只与生产商品和重视各种经济服务的工商企业有关。作为一个企业的管理，有两项特殊任务是别人替代不了的：第一项任务是建造一个"生产的统一体"，使这个统一体的生产力大于组成统一体的各部分生产力的总和；第二项任务是在做出每一个决策和采取每一次行动时，必须把当前利益和长远利益联系起来，经理必须通过各种信息去激励、指挥和组织人们去做各自的工作。

企业的目的和任务必须转化为目标，企业的管理人员必须通过这些目标对下级进行领导，并以此来保证企业总目标的完成，每个企业管理人员或工人的分目标就是企业总目标对他的要求。

2. 现代管理理论的最新发展

随着科学技术迅猛发展，生产力发展出现质的飞跃，生产社会化已走向世界。与此同时，管理理论也出现了两个较具有代表性的新学派，即系统管理学派和权变管理学派。

（1）系统管理学派

①管理必须建立在系统的基础上。管理是把本来互相间没有关系的各种资源要素集合起来，但这种集合是同一目标下形成一个整体。这一系统的成长和发展受到各组成要素的影响，也受到外界环境的影响。因此，管理人员必须从企业的整体出发，研究企业各组成部分之间的关系，研究企业与外部环境的关系，以利于做出正确的决策和进行组织、协调。

②企业本身是一个系统。企业是一个以人为主体的人造系统，它由许多分系统组成。这些分系统包括：第一，目标子系统，包括企业的总体目标、各部门的具体目标和员工的个人目标；第二，技术子系统，包括机器、工具、工艺、方法和专业知识；第三，工

作子系统，包括企业各层次和每名员工的工作；第四，结构子系统，包括各部门的工作组合、部门间的联系和分工以及工作上的惯例、职权系统、有关的联系、协调、控制、决策和实际工作；第五，人际社会子系统，包括个人的行为和动机、个人的地位和作用、个人的技术和能力、领导方式、正式组织与非正式组织；第六，外界因素子系统，包括信息的收集、资源的获得、外界环境的反应与影响。

③企业是社会大系统中的一个分系统。企业不仅是人造系统，而且是开放的社会技术系统，是更大的社会系统中的一个分系统。因此会受到周围环境的影响，但反过来也影响环境，且在环境的相互影响中达到自身的动态平衡。

（2）权变管理学派

①把环境对管理的作用具体化，使理论与实践紧密地结合起来，从而极大地提高了管理的效率，使采用的管理观念和技术能有效地达到目标。

②在一般情况下，环境是自变量，管理观念和技术是因变量。如果环境条件一定，为了更快地达到目标，必须采用相应的管理原理、方法和技术。

③环境变量与管理变量之间的函数关系就是权变关系，这是权变管理理论的核心内容。这里所说的环境包括外部环境和内部环境。外部环境分为由社会、科学技术、经济、政治、法律等组成的一般环境和由供应者、顾客、竞争者、雇员、股东等组成的特定环境。内部环境是指企业内部正式的组织系统。

第二节　企业管理的原理与职能

一、企业管理的一般原理

企业管理的一般原理是对管理活动基本运动规律的概括，它是管理实践的总结，客观地反映了管理这一现象的内在本质。企业管理原理主要包括人本管理原理、系统管理原理、能级管理原理和激励管理原理。

（一）人本管理原理

人本管理是以人为本的管理，是一切管理活动的出发点。

1. 人本管理的现实背景

现代经济增长理论认为，人力资源投入是现代社会经济迅速增长的重要因素，知识是提高劳动生产率和实现经济增长的主要驱动力；知识化的生产方式使得产业结构和就业结构日趋智能化，提供智能商品和智能服务的产业正成为最为夺目的朝阳产业；同时，知识型劳动者将构成社会经济活动的主体。人是生产力中最具有决定性的力量，人的创新能力将成为整个社会发展的主导力量。由此，人的创新能力价值应成为首要价值。

2. 人是企业最重要的资源，也是管理的主体、对象和核心

管理的本质就是依靠、引导、激励员工，发挥他们最大的潜能，为实现企业预定目标而努力工作。人本管理的含义包括：（1）企业以人为主体组成；（2）企业靠人开展生产经营活动；（3）企业为满足人的需要而生产。

3. 人本管理原理的本质

（1）企业存在的价值——为了人。企业为什么而生产，企业为谁而生产，这是企业所有活动的起点和归宿，是管理的基础和核心，也是企业开展管理活动首先要解决的问题。从系统论的角度看，一个合法的企业组织是社会大系统中的一个子系统，是社会经济活动的细胞，必须承担相应的社会功能。这一社会功能是指从社会取得以人为主的各种资源，合理组织、使用这些资源生产出各种产品和服务，以满足人们的物质需要和精神需要。因此，履行这一社会职能就是企业存在的价值，而企业的目标就是通过出售产品和服务获得盈利。管理的任务说到底就是三项：开拓市场、获得盈利和满足各种需要。

（2）企业管理的核心——满足人。人是企业管理的主体，同时也是管理的对象。管理的对象除了人之外，还有物质资料、资金、技术、信息等要素。但在这些要素中，人是最重要的。在生产经营活动中对其他要素的管理，都必须通过人的管理才能实现。同时，实现了对人的管理也就实现了对其他要素的管理。因此，人是管理的核心，一切管理工作都要围绕调动员工的积极性和主动性来进行，这样才能提高管理的效率，实现管理的目标。

（二）系统管理原理

系统管理是现代管理的理论基础，也是社会化大生产条件下的管理与以往所有管理的本质区别所在。

1. 系统管理原理的含义

企业是一个系统，对企业生产经营活动的管理也就形成了一个系统，由此形成了企业系统管理的原理。这一原理的基本含义有以下三点：

（1）企业是一个复杂的社会经济和技术系统，企业管理就是为了达到企业目标而对企业系统进行规划、操作、控制的活动，使企业系统能够处于最佳的运行状态，实现最大的投入—产出效益。

（2）为了达到企业目标，在企业管理活动中应树立系统管理观念，从企业系统与环境的联系、企业系统与下属系统的关系出发，合理确定企业各子系统的目标，正确规范企业及各子系统的行为，强化企业整体功能，提高企业素质。

（3）采用系统分析的方法认识企业面临的各种问题，建立科学的系统模式来解决这些问题。

2. 系统管理的原则

（1）整体性原则。企业系统是一个整体，只有企业的整体目标和整体利益得到了实现，各部门和员工的目标与利益才能有保障。因此，要树立整体观念，以整体目标和利益为重，将局部目标和利益纳入整体的轨道。系统管理的整体性原则就是要求从这一

基点出发，协调企业总目标与各子系统和员工的局部目标之间的关系，调整各自的利益，规范各自的行为，更好地发挥企业系统的整体功能。

（2）联系性原则。企业系统各个组成部分之间、企业系统与环境之间都存在密切的联系，这种联系决定了它们之间必然要相互作用和影响，也决定了系统管理的必要性。由于这种联系的存在，因此，在管理活动中必须从该问题或现象的各种联系出发，通盘考虑，综合筹划，做出合理的决策。

（3）动态性原则。构成企业系统的物质、能量和信息之间，企业系统与外界环境、企业系统与下属子系统和员工之间始终处于交互作用状态中，不断地变化和更新。因此，管理的目标、过程、方法和技术也必须不断地进行调整，以适应企业系统发展的要求。

（4）层次性原则。企业系统由多个层次组成，这就要求管理必须按照层次性原则来进行。管理的层次包括战略决策层、中间管理层和基础执行层。每个层次按职权的划分，分工管理不同性质和不同数量的任务，各司其职，各尽其责，只有在发生无法解决的矛盾时才由上级出面进行协调。

（5）综合性原则。综合性原则表现在三个方面：一是系统目标的综合性。这是指在为企业确定管理目标时，必须综合考虑环境、企业和员工各方面的需要，使目标的达成能为各方都带来利益；二是系统方案的综合性。一个目标往往会有多种不同的实现方案。所谓系统方案的综合性，就是要对这些不同的方案进行综合分析和比较，从中选出最能体现目标要求的方案；三是系统方法的综合性。系统管理还有一个非常鲜明的特点，就是必须综合使用各种现代化的管理方法和技术。这就需要管理人员不仅熟悉这些方法和技术，而且必须摆脱单一思维的方式，能够熟练、综合、恰当地运用这些方法和技术。

（三）能级管理原理

1. 能级原理的含义

能级是物理学中的概念，是对电子运动状态的一种描述。能级现象给管理带来的启示是：事务内部是由不同层次、不同能级构成的复杂系统。因此，管理系统的最佳结构应该是能级结构式的系统。在这一系统中，每个单元都是根据其能量的大小安置在相应的位置上，保证整个系统结构的稳定性和运行的有效性。

2. 能级原理的原则

能级原理是企业组织管理的基本原理，按照这一原理，合理的企业组织结构应呈下大上小的三角形或梯形，这种三角形或梯形结构在企业管理活动中具体表现为以下两个原则：

（1）管理岗位的能级对应原则。这是能级原理对管理系统的结构要求。按照这一要求，企业管理机构应该由三个层次组成：一是战略规划层，或称决策层，其任务是对涉及企业全局的战略性问题进行决策，如投资规模的调整、经营方向的改变、重要人事的任免等；二是战术计划层，也称管理层，其任务是将最高层做出的决策转化为可操作的计划，以供下层管理人员执行；三是运行计划层，也称执行层，其任务是具体组织落实上级制订的计划，实现企业的生产经营目标。决策层的任务是决定活动的方向，管理层的任务是决定活动的方法，而执行层的任务则是决定活动的过程。从任务的特点看，决策层的任务涉及时间长、范围广，执行层正相反，而管理层则居于二者之间。从完成任务所依据的信息来源和特征看，决策层的信息主要来自外部，具有高度综合性；管理层的信息既来自外部，也来自内部，但以内部为主；而执行层的信息则完全来自内部。从任务的风险程度看，决策层在完成任务过程中面临的风险最大，管理层次之，而执行层最小。

（2）专业岗位的能级对应原则。这是能级原理对生产系统的人员配置要求。按照这一要求，不同的专业岗位需要配备不同能力和特长的人。管理的责任就在于正确认识和区别不同能力和特长的人，并尽可能把他们安排在足以发挥其能力和特长的岗位上，才能使企业的管理系统和生产系统提高效率，使每个人都充分发挥其潜能。

（四）激励管理原理

1.激励的含义

所谓激励，就是激发人的行为动机（行为之前）。励，是一种信号，一种评价，一种强化（行为之后）。激励是指利用一定的方式或手段，通过满足员工的生理需要或心理需要，激发和鼓励员工的工作积极性与创造性，最大限度地发挥他们的才能，从而达到提高劳动生产率，更好、更快地实现企业目标的过程。

2.激励原理的本质

激励的关键是诱发动机。动机，通常表现为一种念头或想法，它对人的行为起着引发、维持、推动和导向的作用。

激励包括精神激励和物质激励两种手段。

二、 企业管理的基本职能

企业管理职能是指企业管理者为了实行有效管理所必须具备的基本功能。实行有效管理，就是企业管理者通过合理选择和配备人员，采取正确的领导方法，运用先进、可行的计划和健全的组织，实行统一指挥和有效的内部协调，依靠及时而准确的信息系统以及严密而合理的控制，使企业的生产经营要素做到最佳的配合，以达到预期目的。或者说，实行有效管理，就是要正确处理企业内部人与人、人与物和物与物的各种关系，同时还要正确处理与企业外部的关系，如企业与国家、社会、其他企业及有关单位、消费者及用户等各种关系，获得尽可能好的经济效益。

通常可以把企业管理的职能分为一般的职能和特殊的职能。所谓一般的职能，是指劳动社会化产生的属于合理组织社会化生产的管理职能；所谓特殊的职能，是指这一劳动过程的社会性产生的管理职能，二者统称为基本职能。

在企业管理的实施过程中，一般有以下几项基本职能：

（一）计划

计划就是通过调查研究，预测未来，确定生产经营活动的目标和方针，制订和选择方案，综合平衡，做出决策。计划正确与否，对企业的成败具有决定作用。从这个意义上说，计划是企业管理的首要职能。

我国是实行社会主义市场经济体制的国家，现代企业的计划职能必须以达到资源的优化配置为目的。企业应当发挥自己的主观能动性，在国家经济政策、法规、计划、制度规定的范围内，面向国内外市场，积极参与市场竞争，有效地利用现有资源，谋求最大的经济效益；还要将企业的目标分解到各部门、单位，以及个人，相互衔接协调，以利于组织实现。

（二）组织

组织是将企业生产经营活动的各要素、各部门、各环节、各方面，在空间和时间的联系上、在劳动分工与协作上、在上下左右的相互联系上、在对外往来上，合理地组织起来，形成一个有机的整体，充分发挥它们应有的作用。组织有四大特点，即有目标、有分工与合作、有层级管理、有监控。

组织职能的执行，要从企业的生产经营特点出发，服从于企业的经营方针与决策；要建立和健全管理体制、管理规章制度和管理机构，科学地组织生产经营活动，正确挑选和配备各类人员，适时地进行调整。

（三）指挥

指挥就是布置工作，决定由谁去做。现代企业的生产经营活动十分复杂，环环相扣，因而必须有高度集中的指挥。否则，就不能保证企业正常运行和既定目标的顺利实现。

现代企业的集中指挥应建立在发扬民主的基础之上，不断提高职工的职业道德和敬业精神，处理好民主与集中、自由与纪律的关系。

（四）控制

控制，也称监督，就是检查企业生产经营活动的实际进行情况，考察实际情况与原定计划的差异，分析其原因，采取必要的对策纠偏。监督与计划的关系非常密切，监督要以计划为依据，而计划要靠监督来保证实现。

监督的职能要求建立合理的规章制度，特别是有明确的责任制和奖罚办法，要有完整的定额或标准，以及系统的检查和严格的核算，要建立完善的能满足控制要求的管理信息系统。

（五）协调

协调是指调节企业各方面的工作，调节各项生产经营活动，使它们能建立良好的配合关系，不发生重复矛盾，起互补叠加作用，以有效地实现企业的目标。

协调可分为纵向协调与横向协调、内部协调与外部协调。所谓纵向协调，是指上下级领导人员和职能部门之间活动的协调。横向协调则指同级各单位、各部门之间活动的协调。内部协调是指企业内部所进行的协调，而外部协调则指企业与其他单位之间进行的协调。

做好协调工作，关键在于使全体职工对企业生产经营活动的目标、方针、决策、计划和规章制度都能清楚地了解，树立全局观念，互相协作支持，克服本位主义。

（六）激励

激励是推动人们向着目标前进的心理动力。激励就是指在确定组织目标时，充分考虑职工的需要，把企业生产经营活动的目标与职工的个人利益尽可能地结合起来，激发职工的动机，鼓励所有人为实现组织目标而努力。

企业管理的各项职能是一个互相依存、互相作用的有机整体。计划是前提，提供目标和标准；组织是保证，提供计划实施的组织机构和氛围；指挥是手段，是实现计划目标的必要途径；协调和控制分别解决计划和目标实施中的增效和失效问题；激励则是完成一切管理任务的基础和动力。

第三节 企业管理基础工作与管理现代化

企业管理基础工作和管理现代化工作在企业管理中占有重要地位，也是企业改革中一项具有战略意义的建设性工作。要组织社会主义现代化生产和经营，企业管理基础工作是否扎实，管理现代化是否有效开展，直接决定着企业整体管理水平的高低，并影响企业的经营状况。现代企业是置身于市场经济的全方位、开放性的经营实体，管理基础工作和管理现代化水平对于增强企业对环境变化的适应能力、更好地开展竞争、求得良好的经济效益至关重要。

一、企业管理基础工作

就生产企业而言，企业管理基础工作主要包括标准化工作、定额工作、计量工作、信息工作、规章制度、职工教育、班组建设七个方面。

（一）标准化工作

标准化工作是指企业生产中以制订标准和贯彻标准为主要内容的全部活动过程。它是企业管理中一项涉及技术、经济、管理等方面的综合性基础工作。根据标准性质的不同，可以划分为技术标准和管理标准两类。技术标准包括以下四个方面的内容：

1. 产品标准

产品标准是对产品的规格、参数、质量要求、检验方法以及包装运输、使用维修等方面所制订的统一规定，是衡量产品质量的依据。

2. 方法标准

方法标准是对生产过程中具有通用性的重要程序、规则、方法所制定的统一规则。

3. 基础标准

基础标准是生产技术活动中最基本的、有指导意义的标准。

4. 安全与环保标准

安全与环保标准是对有关设备与人身安全、卫生和环境保护等方面的专门规定。

管理标准是把重复出现的管理业务和工作责任，按有效利用时间、提高工作效率的要求，对工作程序和工作方法制订的统一规定，作为共同遵守的行为准则。

（二）定额工作

定额是指在一定的生产技术条件下，企业规定在人、财、物等方面的消耗、占用、利用应该达到的数量标准。定额是一种衡量效率的尺度，它是在各种作业与管理方法标准的基础上制订的。作为基础工作的企业的各种经济技术定额，是一个完整的体系。企业现行定额的主要内容有以下六个方面：

1. 劳动定额

劳动定额是指在一定生产劳动组织和技术条件下所规定的单位产品劳动消耗量的标准。它有工时定额和产品定额两种表现形式，前者指生产单位产品所需的时间，后者指工人在单位时间内应该完成的产量，二者互为倒数关系。

2. 物资消耗定额

物资消耗定额是指在一定生产技术条件下规定的生产单位产品需要消耗的物资标准，如原材料消耗定额、能源消耗定额、工具消耗定额、劳保用品消耗定额、有关物资的储备定额等。

3. 设备利用和修理定额

设备利用定额是在一定的生产技术条件下，单台设备在单位开动时间内的产量标准。设备修理定额是指为了编制设备修理计划而制订的有关定额。

4. 生产组织定额

生产组织定额又称期量标准，是指在生产组织过程中为编制作业计划而制订的有关时间和数量的标准。由于企业的生产类型不同，需要在生产组织工作上规定不同的"期"和"量"方面的标准，如为大量生产规定节拍、节奏，为成批生产规定批量、生产间隔期、生产周期、投入前提期、在制品储备定额等，为单件小批生产规定生产周期等。

5. 资金占用定额

资金占用定额是指在一定的生产组织和技术条件下，根据生产经营计划规定的固定资金与流动资金平均占用的标准。其中，固定资金占用定额是根据生产经营计划核定的固定资产需要量的货币占用额；流动资金占用额则可分为储备资金定额、生产资金定额、成品资金定额三种形态，分别加以核定。

6. 费用控制定额

费用控制定额是根据费用预算规定的一个单位或个人的费用开支限额，如车间办公费用定额、企业管理费用定额等。

（三）计量工作

计量是为了达到统一的单位制，通过技术和法制相结合的手段，保证量值的准确一致。计量工作就是要求运用科学的方法与手段，对生产经营活动中的量与质的数值加以掌握和管理。它包括计量技术和计量管理两个部分。

1. 计量技术的分类

计量技术是指计量基准的建立、量值的传递以及生产过程中的实地测量，包括计量方法和计量手段两个方面。计量技术按使用需要可分为以下三种：

（1）标准测量技术。标准测量技术是指与基准器有关的通过法制手段进行量值传递的测量，具有最高的测量水平，由专门的计量部门来完成。

（2）工业测量技术。工业测量技术是生产过程中的工艺测量，目的是检测和控制现场的量值，保证起码的产品技术指标的要求。

（3）计量测试技术。计量测试技术是指法制标准量值传递系统中末端的测量，属于标准过渡的中间测量，目的是扩大标准的上下量限，主要用于对生产量值的监督。

2. 计量管理的内容

计量管理是计量工作的另一组成部分，目的是保证量值的统一。计量管理主要包括三个方面的内容：

（1）工业计量管理。工业计量管理是以产品为核心的单位计量管理，又可分为生产组织管理、质量技术管理和综合协调管理等。

（2）商业计量管理。商业计量管理是以商品为核心的单位计量管理，也就是市场的计量管理。

（3）法制计量管理。法制计量管理是对尺、衡器、电度表等单位量的管理。

（四）信息工作

信息是指企业进行生产经营决策和实施决策所必需的资料数据。企业的信息工作可以分为内部和外部两大类。内部信息工作主要是指企业生产经营过程的信息产生的信息处理，包括各项专业管理的原始记录、台账、统计报表和统计分析等。企业的外部信息工作主要是指各类各种经济、科学、技术情报的收集，其中又可以分为综合经济情报和行业经济情报。综合经济情报包括经济形势和重大经济政策，国家重大建设项目，财政金融状况与政策，价格政策，劳动工资的状况与政策，国家对企业实施的政策、制度与法规，企业管理科学的进步等方面的情报。行业经济情报包括同行业企业的发展动向，同行业企业的概况与主要经济技术指标、市场竞争的现状与趋势、用户的意见与要求等方面的情报。科学技术情报则包括有关的工艺技术革新和新产品的发展、原材料的能源技术的发展、企业技术改造的前景等方面的情报。

（五）规则制度

企业的规章制度是加强企业管理的基础，是全体职工的行为规范，是进行生产、技术、经济活动以及协调组织个人相互之间关系的准则。作为企业管理基础工作的规则制度，主要是指企业经营管理方面的经济责任制、岗位责任制、专业工作责任制和有关专业管理制度。这些制度具体规定企业的各级组织、各类人员的工作目标、职责和权限范围。

有关生产技术经营方面的管理制度和其他各方面的管理制度的制定必须从实际出发，考虑企业特点和生产需要，有利于调动职工积极性。规章制度的内容既要有定性的要求，又要有定量的要求，便于检查和考核。规章制度必须注意上下左右关系的协调配合，有利于充分发挥各种资源的作用；还要简明扼要，便于理解、记忆与推行。

（六）职工教育

职工教育是企业对在职职工有计划、有组织、有目的地通过业余或脱产的形式进行思想政治、文化知识、业务技术或经营管理方面的能力教育和素质培训。企业职工教育的对象为企业的全体员工，培训教育的内容大体可分为企业管理人员的培训、工程技术人员的培训和工人的培训三类。

1. 企业管理人员的培训

企业管理人员的培训包括企业领导、车间与职能部门负责人、工段长与班组长的培训。

（1）企业领导的培训，内容大体上是我国现行的路线方针、经济政策、法律法规、改革动态和经济管理理论、外贸知识、领导科学、现代化管理知识和计算机应用等。

（2）车间与职能部门负责人的培训，内容大体包括职业道德、经济政策、企业法规、专业理论、管理知识和安全生产等，以提高业务能力、管理水平和自身素质。

（3）工段长与班组长的培训，内容包括思想作风、企业法规、业务技术、现场管理知识、安全生产及文化知识等，以提高文化程度和业务技术水平及组织管理的实际工作能力。

2. 工程技术人员的培训

工程技术人员是企业的技术资源和宝贵财富，对他们的培训主要包括知识产权法规、技术经济政策、新技术发展动态、产品开发研究与管理、专业知识、计算机应用及外语等，使他们更新知识、拓展思维、精通业务、提高业务素质和工作能力。

3. 工人的培训

工人是企业的主体，也是企业的主人。对于工人的培训主要包括思想作风、职业道德、企业法规、应知应会与操作技能、技术晋级、安全生产与遵章守纪以及岗前培训等，以逐步达到文化水平、劳动技能和自身素质的全面提高。

（七）班组建设

班组是企业最基层的工作组织，肩负着直接创造物质财富、完成生产转换过程的任务。加强班组建设，是提高现代企业自身素质和管理水平不可缺少的基础工作之一，必须切实抓好。

班组建设的内容广泛，归纳起来有四个方面，即思想建设、组织建设、制度建设和业务建设。这四个方面是一个相辅相成的有机整体，缺一不可。

非生产性企业的基础工作根据各自特点，各有不同。

二、企业管理现代化

企业管理现代化是一个综合的、系统的概念，它是指随着我国经济建设和改革不断深入，根据社会主义市场经济规律，为适应现代化生产力和商品经济发展的客观要求，运用科学的思想、组织、方法和手段，对企业的生产经营进行有效的管理，创造更好的经济效益的过程。企业管理现代化主要包括管理思想现代化、管理组织现代化、管理方法现代化、管理手段现代化和管理人才现代化五个方面。

（一）管理思想现代化

思想观念的转变是经济改革的先导。正确的经营管理思想是企业管理现代化的根本。所谓管理思想现代化，就是要使企业的经营管理思想适应现代化大生产和市场经济的客观要求。按照社会主义市场经济的客观要求，应该树立起以下观念：

1. 投入产出观念

企业从事生产经营活动，要讲究经济效益，力争以尽可能少的人力、物力、财力和时间的投入获得尽可能多的产出。

2. 市场观念

商品的价值最终要通过商品交换来实现，不按照价值规律办事，企业就很难生存发展。为此，要及时调查市场需求情况和用户要求，把企业的生产经营活动同市场需求紧密联系起来。

3. 竞争观念

有市场就有竞争。企业只有根据国内外市场信息，加强技术开发，自觉运用价值规律，以优质的产品、优质的服务、良好的信誉满足用户和顾客的需求，才能在市场中立于不败之地。

4. 资本经营观念

企业要自我改造、自我发展，仅仅靠自有资金是不够的。因此，企业要有利息和资金周转的概念，善于筹措资金和运用资金。资金是企业的血液，发展市场经济离不开资本运作，关键是要学会筹钱、用钱，加速资金周转。

5. 时间和信息观念

时间和信息也是重要的资源。在激烈的市场竞争中，"时间就是金钱"，新产品开发的时机恰到好处，就可以达到占领市场、扩大销售、增加盈利的目的。时间也有价值，利用得好，资金占用少、周转快，可以带来更多的盈利。现代经营更离不开信息。加强和改进信息管理，可以极大地提高工作效率。

6. 人才开发观念

企业的竞争，归根结底是人才的竞争。在社会主义市场经济体制下，企业的经营成果与企业的生存发展、职工的切身利益密切相关。企业要善于发现人才，合理使用人才，积极吸引人才，并用有效的办法激励人才成长；要允许人才合理流动，在流动中做到人尽其才、相对稳定，优化人员结构。

（二）管理组织现代化

管理组织是企业经营管理系统中的一个重要组成部分。管理组织现代化是根据统一指挥、分权与集权相结合而建立的，应该能适应科学技术和生产力发展的需求，从本企业的特点和实际情况出发，对企业组织机构、生产指挥系统、服务系统不断进行调整，使组织机构合理化、高效化，并建立科学的责任制和多种严格的规章制度。管理组织现代化的主要形式有：组织流程再造、内部组织团队化、组织扁平化、组织边界柔性化、组织网络化、规模小型化、组织分立化、组织虚拟化、战略联盟等。

（三）管理方法现代化

管理方法现代化是指在企业管理中，广泛采用符合客观规律的科学方法，是现代科学技术成果在管理上的具体应用。现代化管理方法不少于几十种，目前常用的主要有预测技术、决策技术、目标管理、价值工程、全员设备管理、经济责任制、系统工程、成组技术、看板管理、量本利分析法等。企业推广现代化管理方法，必须根据企业自身条件，遵循适用、效能的原则，有选择、有分析地采用。

（四）管理手段现代化

管理手段现代化是指在企业管理的各个方面，广泛积极地采用包括计算机以及经济、行政和法律在内的一切管理手段。随着市场经济的发展、科学技术的进步，企业管理的信息量越来越大，关系越来越复杂，对信息处理的速度和准确性提出了更高的要求。同时，由于管理人员的工作量大大增加，依靠手工处理信息的收集、转抄和计算已不适应。为了完善企业生产经营活动和节约管理劳动，就需要使用电子计算机这个重要工具。管理手段现代化一定要有系统的思想，从人才培训到机型选择和软件开发，都要有长远的战略观点。要建立起不同水平的计算机管理信息系统。要根据行业和专业特点，适应不同企业的需要，尽快开发出符合我国企业特点的各种类型的管理软件，实行技术有偿转让或专利制，以减少和避免在软件开发方面低水平的重复劳动。

（五）管理人才现代化

推进企业管理现代化，归根结底要靠知识、人才，靠广大职工的聪明才智和创造性。没有大批具有现代化管理知识、富有实践经验、头脑敏锐、视野开阔、善于吸收国内外先进科学技术成果和管理经验的开拓型人才，就没有企业管理现代化。管理人才现代化包括人才观念现代化、人才结构合理化、人才管理现代化三个方面。

1. 人才观念现代化

人才观念现代化就是要尊重知识、尊重人才，树立人才在现代化建设中的重要地位和作用的观念。

2. 人才结构合理化

人才结构合理化是指企业不仅要在人员总量上合理，而且在各类专业和各个层次的人才构成等方面也必须搭配得当，要有一支门类齐全、配套齐全的经营者队伍。同时，要求每一个管理人员既有纵向的专业知识，又有横向的系统知识。

3. 人才管理现代化

人才管理现代化就是要做好人才的选拔、使用、培养和考核，充分调动和发挥各类人才的积极性。

上述企业管理现代化五个方面的内容是密切联系的，它们之间相辅相成，构成有机的整体。推动企业管理现代化，一定要从企业实际出发，讲求实效。

三、 企业素质改善和提高

企业的素质是保证我国经济健康、协调发展的重大战略问题，我国经济建设的实践证明,没有高素质的企业群体,便没有经济的繁荣昌盛,也就不可能有国民经济的蓬勃发展。

(一) 企业素质的基本含义

"素质"一词本来是生理学和心理学中的专门术语,是指人的生理特征和体质、感官及心理状态等方面的特点,后泛指人或物在某些方面的本来特点和原有基础。把"素质"这个概念用于对企业构成的各个因素和其各种能力的评定,就是企业素质。

企业素质表现为生产力各基本要素的质量,即劳动者、劳动对象、劳动手段、科技和管理的本质。这是因为:一是企业规模和要素资源数量在一定条件下,只有不断地改善和提高诸要素的质量内涵,企业才有可能主动地参与竞争,适应外部环境的变化;二是在生产力诸要素中,科学技术成就的不断涌现推动着人类文明和社会进步,但科学技术作为一种相对抽象的生产力,不可能独立存在,它表现为生产力各基本要素在社会再生产过程中通过与科学技术的结合而产生的价值增量,最终表现为现实的和具体的生产力;三是从一定意义上讲,管理也是一种生产力,管理的好坏已成为直接影响企业经营成败的关键环节。

综上所述,企业素质由职工队伍素质、技术装备和经营管理素质构成,而且各种素质是相互联系和相互制约的。技术素质是基础,管理素质是保证,而人员素质特别是企业经营者的素质是企业兴衰存亡的关键。

(二) 企业素质的基本内容

人员、技术装备与管理等要素是构成企业素质的基本要素。企业素质的高低主要取决于这三个基本要素的质量水平和结合程度。

1. 人员素质

人员素质就是劳动者本身的素质。主要包括身体素质、心理素质、外在素质、文化素质、专业素质和技能与习惯素质六个方面。

(1) 身体素质由健康状况、体力、体能、体态和精力五个方面组成。

(2) 心理素质可分为动能心理素质、智能心理素质、复合心理素质。其中动能心理素质由需要、情感、动机和注意四种品质构成;智能心理素质由认知能力、运筹与决策能力的行为能力构成;复合心理素质则包括意志、气质、审美、社交和道德等诸种品质。

(3) 外在素质由容貌、体形、风度、服饰等因素构成。

(4) 文化素质是人们经过正规教育和对文化知识熟练掌握后所达到的心理水准以及由此产生的心态。

(5) 专业素质是指个人从事某项工作或开展某项活动的能力。

(6) 技能与习惯素质是人们经过多次重复活动后形成的动力趋向与定型。

在现代企业中,领导者个人的素质水准直接影响企业领导班子的整体水平,甚至关系到整个企业的兴衰。因此,企业领导者要具备比普通人更高的素质标准,这些素质要求如下:

(1) 政治素质。要求具有一定的政治理论水平和政策水平,遵纪守法,能正确处理国家、企业、个人三者的利益关系,有强烈的事业心和责任感,作风朴实、民主,不谋私利，有改革创新精神等。

（2）身体素质。主要指体力和精力方面的要求。由于所处地位和肩负工作任务不同，需要有健康的体魄和充沛的精力作为工作的保证。

（3）文化和专业知识素质。包括文化基础知识和专业知识。

（4）能力素质。能力是一个人能否胜任某项工作的主观条件。作为现代企业的领导者，要具备一定的组织指挥才能、经营决策才能、开拓创新才能和知人善任才能等。

在这些领导者的素质中，政治素质是前提条件，身体素质是基本保证，文化和专业知识素质及能力素质是核心要求，它们是一个完整的统一体。

2. 技术装备素质

技术装备素质是指包括劳动对象和劳动手段在内的基本物质基础，主要包括企业的技术构成、装备水平、产品的技术含量、工艺水平、测试手段、信息的传递方式等。这些因素的综合运用是企业素质的一个重要方面。

3. 管理素质

管理素质主要包括管理模式、领导体制、经济责任制、组织机构、管理原则、管理制度及各项管理职能等。

判断一个企业的素质如何，主要看三种能力：一是产品的竞争力；二是战略决策与实施能力；三是管理者的能力。具体反映在市场开发能力、组合生产要素能力、开发新产品能力上。

（三）提高企业素质的途径

提高企业素质要把着眼点和主要精力放在企业内部素质的改善上。

1. 重视人的因素

现代企业管理的核心是人。目前，我国企业职工素质已有一定程度的提高，如思想观念、价值观念、法治观念、应变能力、技术水平、文化知识水平等都有所增强和改善。即便同样是国内企业，相互间的差距也很大。应该从战略高度认识改善和提高职工队伍素质的重要性与紧迫性，采取切实可行的措施，致力于以人为中心的素质建设。

2. 加快技术进步

企业技术进步是企业为谋求发展，通过获得新知识和运用新技术推动物质技术基础变革和新产品开发等有组织的活动过程。企业技术进步既是全面提高企业素质的客观基础和外在表现，也对企业素质的提高起促进和推动作用。

总之，提高企业素质是一个多层次、全方位、长远过程的系统工程。企业要从发展战略的高度充分认识提高企业素质的重要性和紧迫性，采取切实可行的措施，以技术进步为先导，以产品升级换代为龙头，以强化管理为主线，以促进管理现代化为手段，全面带动和促进企业整体素质的提高，使其具有较强的综合能力，以驾驭市场、开展竞争，更好地生存和发展。

第二章

现代企业制度

建立现代企业制度,是现代企业在发展中实现基本功能、促进市场竞争力提升的重要保证。是否具备现代企业制度的全面知识,诸如企业制度的含义和特点、现代企业制度的运行机制等基本知识,在很大程度上影响着企业的经营业绩,对企业经营的成败起着决定性作用。

第一节 企业制度

一、企业制度的含义

企业制度,通常是指以企业产权制度为基础和核心,包括企业组织和管理制度在内的各种制度的总称。构成企业制度的基本内容有三部分。

(一)企业产权制度

企业产权制度是以产权为依托,对企业财产关系进行合理有效的组合、调节的制度安排。它以法律制度的形式对企业财产在占有、使用、收益、处分过程中所形成的各类产权主体的地位、权责及相互关系加以规范。对企业来说,合理的产权制度能够清晰地界定各个产权主体及其职能,从而建立有效的激励和约束机制,保障企业资产合理流动。

（二）企业组织制度

企业组织制度是企业组织形式的制度安排，规定着企业内部分工协调和权责分配关系，如企业的治理结构、领导体制等。组织制度是企业组织的基本规范。它既是企业各项组织工作的基础和依据，也是企业制度的一项基本内容。实践证明，组织制度合理与否，会对企业的生存发展产生至关重要的影响。

（三）企业管理制度

企业管理制度是对企业管理活动的制度安排。它由一整套企业管理活动的方式、标准和原则、理念等组成，如企业的劳动人事制度、分配制度和财务会计制度等。管理制度是企业管理工作的基础。

上述三方面内容中，产权制度是企业制度的基础和核心，对企业制度的其他方面具有决定性作用；组织制度和管理制度在一定程度上又反映着企业财产权利的安排，三者共同构成了企业制度。

二、 公司制企业的特点

（一）产权明晰和两权分离

产权明晰和两权分离是公司制企业的产权特征，也是公司制企业最本质的特征。企业所有权与经营权分离的产权特征使公司制企业有别于个人业主制企业和合伙制企业，因为后两者从根本上来说是集所有权与经营权于一身的，即使聘请了大量专职经理人员，他们与原老板之间也只是代理的、从属的关系。公司制企业由于投资主体多元化，在公司的所有权结构中，各投资主体各占多少份额的产权十分明确，且边界界定非常清晰，产权真正实现了具体化。

（二）法人资格和法人财产权

法人资格和法人财产权是公司制企业的法人特征。公司制企业享有所有出资者投资形式的全部法人财产，企业对其亏损和债务以其全部法人财产为限，与出资者的其他财产无关。而个人业主制企业、合伙制企业都不具备法人资格，个人业主制企业的资产属于出资者个人所有，合伙制企业的资产属于合伙人所有，都不是法人财产，出资者对亏损和债务负无限责任。

（三）组织的高级化和复杂化

组织的高级化和复杂化是公司制企业的组织特征。公司制企业把多个单位内化为一个有机的统一整体，且企业规模不断扩张，内部构造日益复杂，组织结构的变化趋势也由直线职能制向事业部制、矩阵制，甚至企业集团方向不断发展；同时，以股东会、董事会、高级经理班子和监事会的框架为领导体制，权力分立、相互制衡、协调运转。而个人业主企业、合伙制企业实际上是"老板企业"，其组织机构没有如此庞大和复杂，领导体制也简单清晰。

第二节　现代企业制度

现代企业制度的提出，标志着我国国有企业改革由放权让利为主要内容的改革，转变为以理顺产权关系为重要内容的制度的建立。因此，建立现代企业制度，在我国社会主义市场经济建立过程中，特别是为国有大中型企业的改革指明了方向，对转换经营机制有着重要的促进作用。

一、现代企业制度的含义

现代企业制度是指在市场经济条件下，以规范和完善的法人制度为主体，以有限责任制度为核心，以股份有限公司为重点的产权清晰、权责明确、政企分开、管理科学的现代公司制度。它是为适应我国企业制度创新的需要而提出来的特定概念，是企业制度的现代形式。现代企业制度包括以下几层含义：

（一）现代企业制度是企业制度的现代形式

现代企业制度是从原始企业制度发展而来的，是市场经济及社会化大生产发展到一定阶段的产物。

（二）现代企业制度是一种制度体系

现代企业制度是由若干具体制度相互联系而构成的系统。

（三）企业法人制度是现代企业制度的基础

企业法人制度是现代企业制度的基础，是企业产权的人格化。企业作为法人，有其独立的民事权利能力和民事行为能力，是独立享受民事权利和承担民事义务的主体。规范和完善的法人企业享有充分的经营自主权，并以其全部财产对其债务承担责任，而终极所有者企业债务责任的承担仅以其出资额为限。因而，在此基础上产生了有限责任制度。强调建立现代企业制度，转换国有企业经营机制，实质内容之一就是在我国确立规范、完善的现代企业法人制度，使国有企业成为自主经营、自负盈亏、自我约束、自我发展的市场竞争主体，使作为终极所有者的国家承担有限责任。

（四）产权制度是现代企业制度的核心

构成产权的要素有所有权、占有权、处置权和收益权等，现代企业制度是以终极所有权和法人财产权的分离为前提的。现代企业产权制度就是企业法人财产权制度。在此制度下，终极所有权的实现形式主要是参与企业的重大决策，获得收益；法人企业则享有其财产的占有权、处置权等。这也是建立现代企业制度，改造我国国有企业的核心所在。因为只有建立现代企业产权制度，才能做到真正的政企分开。

（五）现代企业制度以公司制为主要组织形式

公司制是一种现代的企业组织形式，是现代企业制度的一项组成内容。我国建立现代企业制度主要是针对我国国有企业改革的问题而提出来的。对于国有企业改革而言，主要是应该建立现代公司制度。现代公司制度主要是指股份有限公司和有限责任公司，但并非建立了公司制度就建成了现代企业制度，因为它还有其他丰富的内容，而且股份有限公司和有限责任公司只是现代企业制度公司制的典型代表，不能否定其他有效的形式。

二、现代企业制度的特征

现代企业制度的基本特征概括起来就是产权明晰、权责明确、政企分开、管理科学。

（一）产权明晰

产权明晰是指产权概念清晰，产权边界清晰。首先，要明确企业资产出资者的权利和责任，明确企业与其所有者之间的基本财产关系，理顺企业的产权关系。企业中的国有资产属全民所有，即国家所有，由代表国有资产所有者的政府所授权的有关机构作为投资主体，对经营性国有资产进行配置和运用，作为企业中国有资产的出资人依法享有出资者权益，并以出资额为限对企业承担有限责任。其次，要有所有权与经营权科学分离的体制，建立经营权对所有权负责的体制，建立所有权对经营权监督、约束的体制。

（二）权责明确

权责明确是指出资者与企业法人之间的权益、责任关系明确，并用法律和经营制度来保障。一方面，要求企业法人依法自主经营、自负盈亏，以独立的法人财产对其经营活动负责，以其全部资产对企业的债务承担责任。同时，企业法人行使法人财产权，要受到出资者所有权的约束和限制，必须依法维护出资者的权益，对所有者承担资产保值、增值的责任；另一方面，要保证出资者按照投入企业的资本额享有所有者的权益，即出资者的所有权表现为以所有者的身份享有资产收益权。同时，还应明确企业内部所有者、经营者和生产者的义务和责任，使这些利益主体之间关系分明，利益分配合理，既相互制衡，又协同一致。

（三）政企分开

政企分开是指政府、企业职责分开，职能到位。政府、企业职责分开是指政府的社会经济管理职能应与其国有资产所有者的职能分开，将国有资产的管理职能和运营职能分开，建立国有资产的运营与管理体系。企业作为市场活动的主体，要按照价值规律、市场经济规律的要求，自主组织生产和经营。职能到位则是指要改变政府办企业、企业办社会的管理方式，把企业目前承担的社会职能分离出来，改由政府和社会组织来承担；政府对国家经济具有宏观管理职能，只能通过经济手段、法律手段及发挥中介组织的作用，对企业的生产经营活动进行调节、引导、服务和监督；政府与企业之间不存在上下级关系，企业不存在行政级别。

（四）管理科学

管理科学是指在科学的管理思想和管理理念指导下，建立科学、完整的组织结构，并通过规范组织制度，使企业权力机构、决策机构、执行机构和监督机构之间职责明确，并形成相互制约的关系。从社会化大生产的要求来看，社会内部应具有科学的职能管理和岗位管理制度。职能管理的内容很多，涉及生产力方面的，主要有计划管理、生产管理、质量管理、设备管理、物流管理等；涉及生产关系方面的，主要有劳动人事制度、现代企业财会制度、企业领导制度等。岗位管理制度是为保证各个工作岗位有条不紊地进行工作，有利于提高劳动生产率的各种规章制度。科学的企业内部管理制度能使出资者、经营者和生产者的积极性得到调动，行为受到约束，利益得到保障，做到出资者放心、经营者精心、生产者用心，使企业协调、和谐地向前发展。

三、现代企业制度的内容

现代企业制度是一个内涵丰富、外延广泛的概念。其基本内容包括三个方面，即现代企业产权制度、现代企业组织制度和现代企业管理制度。这三大基本制度相辅相成，共同构成了现代企业完整而灵活的经营体制。

（一）现代企业产权制度

现代企业产权制度是现代企业制度的一项核心内容。这种产权制度的构造，在企业方面是建立企业法人制度，在出资者方面是形成有限责任制度。它的实质是建立出资者所有权和企业法人财产权相分离的产权配置格局。按照现代企业产权制度的要求，当股东投资形成企业资产后，它就将原来的企业资产分解为企业现实营运中的资产和以股票为主的虚拟资产。其中对企业现实营运中的资产的占有、使用和处置权利，交由企业法人掌握，由此形成法人财产权。这是公司在取得法人资格的同时，获得的一项所有权权能。股东作为原始所有者仅仅保留了对资产的价值形态，即以股票为主的虚拟资产占有的权利，由此形成出资者所有权。这种产权分割实际上也就意味着，公司资产不论是谁投资的，一旦形成和投入营运，其支配权就归属企业法人了，要由企业法人实行统一的经营管理；原来的出资者则与现实资产的营运脱离了关系，不能随意抽回投资，也不能以个人身份直接支配他投入的资本，只保持其作为法人组织的一分子，通过一定的组织程序，间接参与企业财产的最终控制。

上述现代企业产权制度，是以企业在法律上具有独立的法人地位为前提的，即它的形成要以完善的企业法人制度为基础。企业只有依法取得法人地位，才能在取得法人资格的同时获得法人财产权，这是企业在市场经营活动中独立从事民事活动，享有民事权利并承担民事责任的前提条件和物质基础。

现代企业产权制度的另一内涵就是实行严格的有限责任制度，它是规范出资者（股东）与企业法人之间、企业法人与企业债权人之间权益关系的准则。实行有限责任制度，使得企业对现代市场经济的发展有了更强的适应力。

（二）现代企业组织制度

现代企业组织制度，是在企业法人制度基础上形成的法人治理结构。它是企业在长期的市场经济发展过程中，为了满足自身的发展需要而逐步建立起来的一套完整的组织制度。通过该组织结构，企业形成了一种以众多股东个人意志和利益要求为基础的、独立的组织意志，并以这种独立的组织意志独立地开展经营活动。现代企业法人治理结构包括两个组成部分:一是纵向授权领导体制。它是由股东通过投票选举产生董事会和监事会,其中董事会代表企业法人从事经营决策;董事会再聘任总经理和其他高级经理人员,组成在董事会领导下的执行机构,在董事会授权范围内经营企业;监事会是监督结构,对董事会及其经理人员的活动和公司财务行使监督的职责。二是股东会、董事会和监事会"三会"制衡结构。在法人治理结构中,股东会、董事会和监事会及经理人等各自的权、责、利都有明确的划分和界定,彼此之间形成了一种相互制约、相互促进的制衡机制。

(三)现代企业管理制度

企业要在激烈的市场竞争中求得生存和发展,就必须不断提高自身经营管理水平。因此,科学规范的现代企业管理制度也是现代企业制度不可缺少的重要内容。现代企业管理制度的基本体系,是由企业经营目的和理念、企业目标和战略、企业管理组织以及各业务职能领域活动的规定等组成的。其中,企业经营目的、理念是企业管理制度的最高层次。在经营目的、理念的指导下,确定企业的战略目标,形成企业战略方案,并同时建立起适应战略要求的有效组织结构。公司经营目标和战略,还要通过各种具体业务活动来实现,这些业务活动可分为市场营销、研究、开发和生产制造、财务、人事等几大职能领域。企业管理层通过对这几大领域活动的计划、组织、领导和控制,就可以把握日常经营的全局,保证战略的有效实施和经营目标的实现。

企业各职能领域的管理活动,有其特定的内容、原则、程序和方法。将职能领域的管理行为规范化,就形成了关于日常经营的管理制度,这是实现企业目标与战略的保证。

第三节 国有企业的公司制改造

一、 国有企业的特殊功能

国有企业是一种特殊的企业,即国有企业是政府(包括政府部门)拥有的(不管通过什么途径和方式)或实际控制的经济实体。可以说,国有企业是政府的延伸,国有企业要实现政府的某种功能。而政府干预经济是为了弥补市场缺陷,必须以整个社会的福利最大化为目标,所以国有企业也必须服从这个目标。

二、 国有企业改革的途径

现代企业制度是社会化大生产和市场经济发展的产物,是适应市场经济发展需要,是以法人制度为基础,出资者和企业法人承担有限责任,实行法人治理结构,以公司制为主体的企业制度。所以,建立现代企业制度是我国国有企业改革的基本方向,是深化我国国有企业改革的根本途径。

(一) 建立现代企业制度，政企分开

国家作为企业的出资者，享有股东应该享有的权利（如选择企业管理者、参与重大决策和资产受益等权利），但不参与企业的具体经营活动。实现政企分开，使企业作为自主经营、自负盈亏的独立市场主体参与市场竞争，不再受制于政府。

(二) 建立现代企业制度，规范经营者的行为

现代企业制度的内容包括现代法人治理结构，法人组织结构的框架包括股东大会、董事会、监事会和经理层等。股东大会拥有公司的原始所有权，是公司的最高权力机构；董事会是由公司股东大会选择产生的公司的决定和管理机构，是公司治理机构的核心；监事会是公司内部的监督机构，对股东大会负责，作为出资人的代表行使监督权力；经理层具体执行公司的各项事务，对董事会负责。公司内部科学的组织管理机构使企业形成了强有力的内部约束机制，也使经营者的行为规范化，有利于实现资本的保值和增值。

(三) 建立现代企业制度，实行有限责任制度

有限责任制度是指企业出资人对企业债务只承担有限责任。有限责任公司和股份有限公司都采取有限责任制度，这两种公司形式是现代企业制度的主要形式。有限责任制度是相对于无限责任制度而言的。无限责任制度，是指出资人对企业的债务承担无限连带责任，当企业的财产不足以清偿债务时，就要用出资人的个人财产来偿还。这种制度对于出资人而言，风险太大，不利于筹集资本进行大规模的生产。而有限责任制度规定出资人以出资额为限对公司债务承担责任，这就降低了出资人的风险，使公司具有较强的筹资能力，有利于社会资本的募集和企业的发展。

国有企业本身的信誉较好，实行有限责任制度，可以通过吸收社会上的闲散资金或引进外资扩大企业的经营规模，促进国有企业进一步发展。

(四) 建立现代企业制度，参与国际竞争，走向世界

现代企业制度是以公司制为载体，国有企业按照公司制的规范进行运作，便于进入国际市场参与国际贸易、投资和融资等活动。

第三章

现代企业组织

组织是人的集合,是为了达到共同的特定目标,通过分工与合作形成的不同层次的权利责任制度的结合。如果说人、财、物是一种资源,组织则是一种特殊的、易被忽视的资源。政策路线决定之后,组织是通往成功的桥梁和保障。

第一节 企业组织及其管理原则

一、企业组织及其管理

(一)企业组织

人们对企业组织的认识是随着管理实践的深入而逐步深化的。传统的组织观念把组织理解为团体或单位,认为组织是由一定人群结合而成的团体或单位。现代组织观念把企业组织看成一个有机系统,即企业组织是在特定环境下,为了达到一定的生产经营目标,以企业全体人员为主体,包括人和物在内的有机结合体。

现代企业组织的基本特征主要有以下几个方面:

1. 目的性

任何企业组织都有自己的特定目标,组织的发展是同组织目标联系在一起的。例如,企业的建立是为了向社会提供产品或服务，并获得盈利；企业之间的联合是为了保护共同利益、共谋发展等。

2. 系统性

企业组织是众多要素相互综合而成的一个有机系统。它既包括人、财、物和信息等物质性要素，也包括职能任务、部门结构和权力关系等结构性要素，还包括计划、领导和控制等运营性要素。

3. 结构性

企业组织具有反映内部分工与合作关系的组织结构，如部门、科室、车间、班组等。企业组织的各项功能必须通过组织的特定结构来反映，组织结构不合理，就会导致组织功能紊乱。

4. 群体性

人是构成企业组织的主体。在企业组织中，群体的结合要按组织目标、组织结构、组织需要和人的专长进行有机结合。组织的力量取决于群体的整体素质、精神风貌和共同努力的程度。

5. 适应性

企业组织存在于特定的社会环境之中，组织的形态、功能、结构、管理活动都受到环境的影响，企业组织只有在与环境的适应中才能存在和发展。

（二）企业组织管理及其作用

1. 企业组织管理内容

企业组织管理是指通过设计和维持企业组织内部结构和相互之间的关系，使企业全体员工为实现组织目标而有效地协调工作的过程。组织管理的内容主要包括以下几个方面。

（1）组织设计，即以组织目标为中心，对组织的层次、部门、权力和责任进行分解、划分和分配的过程。组织设计的结果是组织的层次结构、部门结构和权责关系的确立。

（2）组织协调，即对组织各部门之间以及组织成员之间的相互分工协调关系、权责关系的组织与协调，规范组织内部的各种关系，激励全体员工为实现企业目标而努力工作。

（3）组织变革，即根据企业组织内外条件的变化对组织结构提出的要求来对组织结构做出相应调整，促进组织活动的正常发展。

（4）组织诊断，包括任务分解分析、权利决策分析、人际关系分析和人力资源分析。

组织管理重在处理好管理幅度与层次的关系，直线与职能、参谋的关系，综合部门与专门部门的关系，集权与分权的关系。

2. 企业组织管理作用

（1）组织是促进企业生产力提高的重要因素。劳动力、劳动手段和劳动对象是生产的三大要素，一些管理学者认为组织是生产的第四大要素，并且具有促使其他要素通过合理配合而增值的作用。这些可以有效地提高劳动者的积极性，可以使劳动者、劳动手段和劳动对象得到合理配合，提高各要素的综合使用效益，从而创造出更高的价值。

（2）组织工作是实现企业目标和计划的重要手段。在企业管理中，计划职能由于关系着企业目标和计划的制订，因而在管理职能中占有主导地位。但是计划的实施还要依赖组织工作提供保证和实施条件。组织工作是计划工作的自然延伸，计划所确定的目标和战略只有通过组织工作才能落实到组织的每一个成员。

（3）组织工作为企业员工的共同劳动提供了合理分工的组织基础。任何一个组织都是人们共同劳动的组合体，人们在劳动中围绕组织目标而进行的分工与协作是组织效能发挥的基础。组织管理就是通过设计和维持组织内部的分工结构和相互之间的关系，使人们为实现组织目标而有效地协调工作的过程。例如，工业企业要求有从事生产制造、技术开发、财务管理、市场营销等不同业务的人员，也需要高、中、基层等不同层次的管理人员，组织工作可以通过确定相应的组织结构将这些人员的分工加以规范化、明确化。

（4）组织工作可以有效地保证企业各项工作的协调，提高工作效率。企业的各个部门和成员在分工基础上的合作，必须建立在有效协调的基础之上，才能保证组织有较高的工作效率。组织工作则从企业整体的角度，明确各个部门和成员的责任、权利和相互之间的关系，通过组织协调使人们在分工协作的过程中协调一致，高效率地实现合作。

二、企业组织管理的一般原则

建立和完善企业组织结构，健全企业组织机制，应遵循以下基本原则：

（一）任务目标原则

任务目标原则是指企业组织结构的建立和工作的开展，要有明确的目的，要以实现企业的经营目标和经营战略为基本着眼点。

企业的经营目标和经营战略是企业全体员工在一定时期内共同活动所要达到的最终目的，并规定着企业生产经营活动的基准和方向。它涉及企业的生产、销售、财务、人事、研究开发、市场地位、生产率等重要事项，以及适应外部环境变化的能力。目标和战略的有效实施，取决于组织结构的合理性和效能。企业的组织工作要善于根据企业目标和战略的要求，将企业的各种业务工作进行分工和合作，划分部门和单位，以便企业员工明确自己的工作目标和岗位要求，为实现企业的目标和战略作出各自的贡献。

（二）统一领导和分级管理的原则

现代企业是社会化大生产的产物，有着专业分工精细、劳动协作严密、管理范围广泛等特点。一个企业靠几个人或一两个部门是无法承担全部管理工作的。因此，组织工作要贯彻统一领导和分级管理的原则。

统一领导是指企业各部门、各单位要在企业高层管理部门的统一部署下进行生产经营活动，机构的设置要有助于建立统一的生产经营管理系统。在上下级之间应组成一条等级链，一个下属人员只接受一个上级的命令和指挥，并对其负责。

分级管理是指企业各部门在统一领导和部署下，在其业务范围内进行专业化管理。实行分级管理，上级在按照企业确定的目标向下级分配职责、任务时，应赋予下级相应的权力，使下级能够更有效地履行自己的职能。

贯彻统一领导和分级管理的原则，要正确处理好集权与分权的关系。企业重大问题的决策权要控制在企业高层领导中，专业的管理工作和生产的具体工作，交由企业中层和基层组织去完成。

（三）有效管理幅度的原则

管理幅度是指一个上级领导直接指挥下属人员的人数。由于一个人的精力和体力是有限的，这就决定了管理者的管理幅度是有限的。有效的管理幅度是组织结构设计应考虑的重要因素。

有效管理幅度，既取决于管理者的素质和能力，也取决于管理者所从事的管理工作的范围和性质。一般高层管理者从事企业的战略决策与管理工作，因此管理幅度应小一些；中层和基层管理者从事执行性管理职能较多，因此管理幅度可大一些。

（四）专业分工与协调配合的原则

首先，生产专业化发展，促进了企业管理工作的专业化。企业的大量信息和复杂的管理工作，不仅需要分层、分级进行管理，而且需要分门别类地进行专业管理。专业分工有利于提高管理工作效率和水平。

其次，企业是众多相互联系的子系统组合而成的整体系统，在企业组织中，各个部门既有专门的工作职责范围，每个部门的工作又必须在其他部门的协调配合下才能顺利完成。企业组织各部门和各环节彼此相互联系、相互配合，专业管理的作用才能发挥出来，企业组织才能正常运作。

企业组织工作贯彻专业分工和协调配合的原则，一方面要合理划分企业各个专业职能部门的范围，分工应适应企业外部环境的变化，切实反映企业生产经营活动的客观需要和企业现有条件的可能；另一方面要明确专业分工之间的相互关系，明确管理层次之间、管理部门之间的协调方式和调制手段，这样才有利于从组织上保证企业目标的实现。

（五）责权统一的原则

权力是在一定的组织中为履行职责而由上级所授予的，能够影响其他人或组织的行为。责任则是指在接受职务时必须履行的义务。履行义务要以相应的权力为保证，权力的行使则以履行义务为目的。

贯彻责权统一的原则，就要做到因事设职，因职设人。要明确规定每一个岗位、每一个人员的责任和权力，以利于增强人们的责任感。要使权责对应，做到责任到人，权力到人。

（六）相对稳定和适时调整与变革的原则

企业组织总要在内部环境变化的情况下，做出相应的调整与变革。但是，组织结构经常变动，既不利于安定人们的情绪，也不利于稳定组织的秩序。因此，要贯彻相对稳定和适时调整与变革的原则。

企业组织的稳定性，主要是针对企业组织内部机体而言。企业组织内的部门设计、分工以及部门间的协作关系应具有一定的稳定性，企业人员安排也要保持相对稳定。组织结构的稳定性，有利于企业组织正常运作和协作关系稳固；人员的稳定，有利于各项工作持续正常地开展，也有利于专业化、标准化的管理。

企业组织适时调整与变革，主要是对企业组织机体与外部环境的适应关系而言。它要求根据环境的变化，相应地调整企业组织结构的内部构成，合理专业分工，强化组织功能，从而增强企业的适应能力。如何把握时机，掌握调整与变革的分寸，是企业领导者进行组织结构变革的关键。

第二节　企业组织机构

企业组织结构是企业组织的空间表现形式，是一个复杂的系统，既要符合企业发展的需要，也要符合组织结构内在的运作规律的要求。

一、组织结构设计

企业组织结构设计工作，具有涉及面广、内容繁杂的特点，其对企业组织未来运行的效率和效果有着重要影响。为保证组织结构设计的成功，其工作必须科学、有步骤地进行。组织结构设计的一般工作内容包括以下几个方面：

（一）明确目标，确定组织结构设计的基本原则

企业组织结构设计的首要环节，是要明确企业的目标和总体发展战略的要求，认清企业所在的外部环境及自身条件，明确组织结构设计要解决的问题及要达到的目的，确定组织结构设计的基本思路、原则和主要参数。

（二）进行职能分析，确定职能结构

分析企业为实现目标和任务所需要的各项管理业务职能，在分解和合并的基础上，确定企业的职能业务工作体系。

（三）进行部门结构设计，确定组织结构框架

根据实现企业目标的要求和相应的职能业务工作体系的要求，确定企业自上而下的纵向管理层次结构、横向职能管理部门结构，以及反映纵向管理层次之间、横向职能部门之间和纵横两套结构之间权责关系的权力关系结构。

（四）进行联系方式设计，确定组织结构内部的协调方式和控制手段

根据组织结构系统性的要求，为保证组织结构整体效能的发挥，确定组织内部上下管理层次之间、职能部门之间的相互关系、联系方式和协调控制手段。

（五）进行管理规范设计，确定组织运行的标准

根据组织结构正常运作的要求，制订组织结构内各项管理业务的工作程序、工作标准和工作方法，用以规范组织成员的工作行为。

（六）进行人员配备，确定组织的人员结构

组织结构内不同性质的工作，需要不同才能的人来承担。为了使部门人员能够协调一致地工作，必须根据需要合理配置组织成员，并附有岗位职位说明书。

（七）进行组织结构设计

组织结构设计是一个动态的工作过程，其应保证组织结构的正常运作，并在运作过程中能够及时反馈信息，根据组织结构内外条件的变化，及时做出修正与调整。

组织设计是否成功，一般要分析以下问题：

1. 企业内部人员对组织现状是否满意？
2. 每个管理者的权力分配是否合理？
3. 组织气氛是否正常？
4. 组织内部沟通是否顺畅？
5. 管理幅度是否恰当？
6. 企业中高层管理者的看法。

二、纵向管理层次结构

管理层次是指企业管理组织在纵向分级管理的基础上形成的组织层次。一个企业集中着众多的员工，企业的最高领导者不可能面对每一个员工进行指挥和管理，这就需要设置管理层次，在各管理层次上实施逐级指挥和管理。

（一）管理层次的划分

一个企业往往有多个管理层次，它既存在于企业的生产指挥系统中，如工厂、车间、工段、班组等组织层次的划分，也存在于企业的职能参谋系统中，如厂部、专业职能部、职能科室等组织层次的划分。一般而言，企业组织的管理层次可分为高层管理层、中层管理层和基层管理层。管理层次从表面上看，只是组织结构的层次数量，但其实质乃是组织内部纵向分工的表现形式，不同管理层次在企业中的地位不同，其职能和权限也不同。

高层管理层的主要职能是对整个企业的管理负有全面责任，负责制定企业的战略规划，沟通企业与外界的交往联系，对企业生产经营活动实行统一指挥和综合管理等。高层管理对企业的发展战略、计划与目标、资源安排拥有充分的权力，高层决策正确与否，直接关系到企业的成败。

中层管理层的主要职能是贯彻高层管理层制定的战略规划，拟定和选择计划的实施方案、步骤和程序，对计划的实施进行控制，并指挥基层管理层的活动。中层管理层在管理组织中起承上启下的作用。

基层管理层的主要职能是按照规定的计划和程序，协调基层组织的各项工作和实施生产作业，直接指挥和监督现场作业人员，保证上级下达的各项计划和指令的完成。基层管理者直接与具体作业人员打交道，是整个管理系统的基础。

不同层次的管理者所从事的管理工作的量是不同的,越是层次高的管理者,管理性工作就越多;层次低的管理者,其相应的管理性工作越少。

(二)管理层次与管理幅度

管理幅度是指一个上级管理人员直接指挥的下级人员的人数。管理幅度对组织结构的最终形成有着重要的影响。一般来说,在一定的组织规模条件下,管理者管理幅度的多少,在很大程度上制约着管理层次的多少。管理幅度与管理层次的关系是反比关系,即在组织成员数量一定的条件下,管理层次就会减少;反之,管理层次就要增加。

一个企业组织的管理层次设置多少个为好,各个层次的管理幅度究竟以多大为宜,要受多种因素的综合影响。一般的影响因素有:领导者的能力、下属人员的素质、上级对下级授权的明确程度、计划的完整程度、组织整体的稳定程度、考核标准的明确程度、信息沟通的效率、组织的凝聚力等。

三、横向职能部门结构

横向职能部门结构是与纵向管理层次结构相对应的,它按照水平专业化分工的原则,将每个管理层次划分为若干个管理单位。部门化是建立组织结构的基本途径,其在组织管理中具有重要意义。

(一)部门划分的方法

1. 职能部门化

职能部门化是指按管理职能划分管理单位,即将具有相同管理职能的人集中在一个部门工作,如将企业组织结构划分为研究开发、生产、销售、财务等部门。这就是部门划分中广泛采用的一种方法。它的优点在于能充分反映专业化分工的原则,有利于提高各职能部门的工作效率,有利于提高管理人员的专业化水平。它的缺点在于部门的局部利益有可能导致部门间的协调困难,降低企业组织整体效能的发挥。

2. 产品部门化

产品部门化是指按行业或产品划分管理单位,即根据一个产品或一类产品建立部门,把涉及该产品的所有生产经营活动组织在一起,并给予相应的权责。它的优点是符合专业化生产的原则,有利于发挥各类专业技术力量的特长,提高产品专业化生产的工作效率和效益。它的缺点是需要较多具有全面管理能力的人才,总公司与产品部门的职能机构设置重叠,加大管理成本。

3. 地区部门化

地区部门化是指按照地理位置划分管理单位,即在企业的生产经营活动涉及地区范围较大时,按地理位置划分若干个部门,以便于各部门能够根据本地区的特点,有针对性地开展生产经营活动。它的优点在于可以谋求地方化经营的效果,使企业更好地了解市场,接近顾客,适应市场。它的缺点在于企业的管理难度大,管理人员与成本增加。

4. 人数部门化

人数部门化是指按人数多少划分管理单位,即在一个组织中由于人数较多、不易管理,而将人们划分为几个部分,各部分大小均以人数多少为标志。此类划分方法主要见于一些企业的基层组织。

5. 服务对象部门化

服务对象部门化是指按企业不同的服务对象划分管理单位,即针对具有不同性质要求的服务对象,分别设置部门,以便于各个部门能更好地满足服务对象的要求。例如,按不同的顾客类别划分,可以为不同的顾客提供分门别类的服务。

6. 工艺过程部门化

工艺过程部门化是指按照生产技术工艺特点划分管理单位,即将具有相同工艺特点的人员、设备、工作业务集中在一个部门内,以便于提高工艺专业化水平,提高工作效率。

部门划分的各种方法,最终都是为了实现企业目标,每种方法都有其优缺点,每个企业的横向部门结构都可能是多种方法的综合。企业组织结构设计时,应综合考虑,慎重选择。

(二) 部门之间的协调

部门的划分在于将企业组织各级管理层次的生产经营活动分解成为若干个组成部分,从而实现了科学合理的专业化分工。但是企业管理作为一个整体系统,各个组成部分之间必然有着相互联系和相互制约的关系,各部分之间只有在相互协调的基础上,才能发挥各自的效能以及企业的整体效能。

部门间横向协调的内容及其方式主要涉及组织结构、组织运行和人际关系等方面。

1. 涉及组织结构的协调

涉及组织结构的协调方式,一般需要对企业组织结构做出调整,需增加管理层次或部门,负责承担协调任务。常见的方式有:设置联络员、临时性或永久性的任务小组或委员会,主管部门之间的横向联系和协调任务;建立职能部,将工作联系较为密切的职能科室划归职能部领导;建立事业部,把与某类产品生产经营有关的所有部门集中统一领导;建立矩阵结构,围绕某项任务的完成,将企业的职能部门进行纵横交错的组织等。

2. 涉及组织运行的协调

涉及组织运行的协调,目的在于调整和改善组织的动态工作过程。一般的常见方式有:定期召开工作例会,提出和研究解决工作中存在的矛盾和问题;跨部门直接沟通,部门之间直接联系解决问题;联合办公和现场调度等。

3. 涉及人际关系的协调

在企业的生产经营活动中,管理人员是组织结构和组织运行的主体。如果部门人员之间的人际关系不合,如相互抱有意见、彼此存在误解,就会使部门之间的横向联系受阻。因此,各部门之间的协调还有赖于良好人际关系的支持。

四、权力关系结构

权力关系结构是与企业的纵向管理层次结构和横向职能部门结构相对应的。权力关系结构将不同类型的职权合理地分配到各个层次和部门,明确规定企业上下级之间和同级之间的职权关系,形成集中统一、协调配合的职权结构,为企业各部门认真履行职权、实现企业目标提供保证。

(一) 权力类型

企业组织内部的各种权力按其性质划分,主要有直线权力、参谋权力和职能权利。三种权力由各种不同类型的人所拥有,并在管理中有着不同的作用。

直线权力是指上级指挥下级工作的权力,表现为上下级之间的命令权力关系。直线权力主要存在于企业组织内的各个层次及各个部门中有着领导与被领导关系的场合,是指由上级领导者为实现目标而负有直接责任的权力。直线权力主要表现为命令和指挥的权力。

参谋权力是指在组织活动中的顾问性、服务性、咨询性、建议性的权力。参谋权力一般是组织的职能部门及组织其他成员所普遍拥有的权力。应当认识到,企业组织中的任何成员都具有参谋权力,他们可以就企业发展中存在的问题发表自己的意见。企业职能参谋系统的成员则是专职的参谋人员。参谋权力的行使旨在协助直线权力有效地完成企业组织目标。

直线权力与参谋权力的关系可概括为"参谋建议、直线命令"。确定这一关系主要是为了在组织的活动中贯彻命令统一性的原则。在组织中,只有各层次的直线人员才应拥有直线权力,掌握命令和指挥的职权。参谋人员所拥有的参谋权力只是建议权,参谋人员提出的建议只有被直线人员采纳后,做出决定,并由直线人员向下发布命令才能生效。

职能权力是指企业的职能参谋机构和人员在高层管理的授权下,允许其在一定的职能工作范围内,向下一级直线部门或其他部门和人员发布命令、提出要求的权力。例如,生产计划调度部门对企业各生产单位下达生产计划指令,财务部门要求企业各部门遵守财务管理规定等。企业的职能参谋机构和人员执行的职能权力有两种形式:一是直接向下一级组织的主管人员发布指示,由该主管人员组织执行;二是向下一级组织的职能参谋机构和人员发布指示,并进行检查监督。职能权力的实质是企业的直线主管人员将本属于自己的一部分直线权力分离出来,授予职能参谋机构和人员。这种授权适应了现代企业管理复杂化、专业性强、领导工作负担重、部门和层次增加等对管理工作提出的要求,有利于发挥专业管理职能的作用,减轻直线领导人员的工作负担;有利于加快信息传递的速度,提高管理工作效率。但是职能权力的授予应注意把握一定的限度。高层管理人员将一些职能权力授予一些部门和个人,使这些部门和个人拥有对下级直线组织的指挥权力,当这些职能权力扩大到一定程度时,就可能使下级管理人员失去对本部门工作的控制。因此,从维护权力的统一性而言,在企业组织中应限定职能权力的职能和作用的层次范围。

(二) 集权和分权

不同企业组织在管理层次之间的权利分配上有着不同的要求和表现,从而构成了企业组织权力系统的不同类型。企业组织权力系统的基本类型可以根据决策权的集中与分散程度,划分为集权型与分权型两种基本类型。

1. 集权型的企业组织

这是把企业的生产经营管理权限较多地集中在企业最高领导层的一种组织形式。此类组织经营决策权一般由高层领导掌握，中下层管理人员只有一般业务决策权，上级对下级的控制较严，一切行动听上级指挥；企业组织具有统一对外经营、统一核算的特点。其优点是有利于集中领导、统一指挥，可提高职能部门的管理专业化水平和工作效率。其缺点在于限制了中下层人员积极性的发挥，延长了信息沟通的渠道，使企业组织缺乏对环境的灵活性和适应性。

2. 分权型的企业组织

这是把企业经营管理权限适当分散在企业中下层的一种组织形式。此类组织的重大经营决策权仍由高层领导掌握，但中下层可享有一般经营决策权，上级对下级的控制较少，以考核目标为主，不干预其日常生产经营过程，使下级能够在一定的权限范围内自主地决定问题，自行履行工作职责；中下层在一定程度上有对外独立经营、独立核算的权力。分权的依据主要以职能、地区或产品划分。其优点在于可充分调动中下层人员的积极性，使高层领导免于陷入日常事务，企业对市场环境的适应性强。其缺点在于不利于部门间的协调，管理难度大。

3. 正确处理集权与分权关系

集权与分权反映了企业领导层在权力分配上的两种不同做法，在相同的组织技术条件下，集权制与分权制的组织体制往往产生出不同的管理效果，因此，正确地认识和把握好集权与分权的关系，是每一个组织领导者都应重视的问题。正确处理集权与分权的关系应注意把握好以下几个问题：

首先，应认识到集权与分权都是开展企业管理活动所必不可少的手段。一方面，集权是组织行动统一性的要求。企业作为人们共同劳动的集体，有着统一的目标，要使组织成员的行动达到协调一致，则集权下的统一命令和指挥就必不可少。例如，一个企业长远发展规划的确立，涉及企业全局的发展战略以及政策和策略的制订，涉及组织整体活动的协调工作等，都应在企业集中统一的权限指导下进行；另一方面，分权是组织分工的必然要求。企业成员的共同劳动是以分工为基础的，要为企业成员创造履行分工职责的条件，则赋予一定的权限是必须的。如企业的各个职能部门都负有其相应的职责，在履行职责中要涉及资源的调配，要应付各种可能的应变问题，这些不可能都交由企业领导层去处理，而要由职能部门自行解决。这就要求给予下级履行职责的充分权力。

其次，应认识到集权与分权是相对的，而不是绝对的。正确处理好集权与分权的关系，应注意把握好集权与分权的尺度。集权的程度应以不妨碍下属履行职责、有利于调动积极性为标准；分权的程度则应以下级能够正常履行职责、上级对下级的管理不致失控为标准。

最后，还要考虑多种因素对集权与分权的制约。集权与分权程度的确定要受多种因素的影响，其中主观方面要受企业领导者的个性特征的影响，但更重要的是客观因素的影响，如决策的风险程度、下级人员的素质、组织政策的统一性要求、控制系统的健全程度，以及企业环境的不同特点、企业规模的大小、各管理职能的不同要求等因素。

第三节　企业组织结构类型

企业组织结构的典型形式有直线制、职能制、直线—职能制、事业部制、模拟分权制和矩阵制等。

一、直线制组织结构

直线制组织结构是最早出现也是最简单的企业组织结构形式。它的特点是企业的各级行政单位从上到下垂直领导，下属部门只接受一个上级的指令。各级主管对所属单位的一切问题负责。厂部不再另设职能机构（但可设职能人员协助工作），一切管理工作都由各级主管自己执行，其结构如图 3-1 所示。

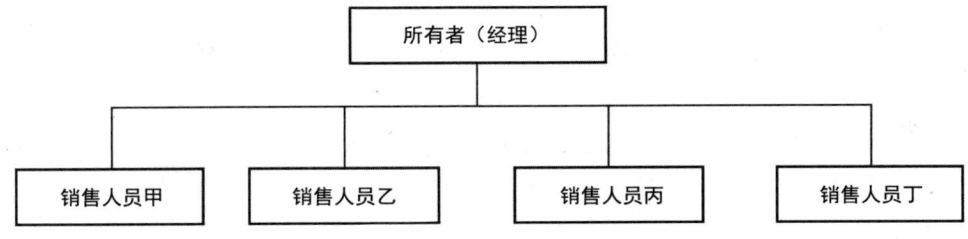

图 3-1　某小型零售店组织结构图

（一）直线制组织结构的优点

直线制组织结构的优点是结构比较简单，责任明确，指令统一。

（二）直线制组织结构的缺点

因为多个下属只接受一个上级的领导，这就要求各级主管通晓关于下属的多种知识和技能，亲自处理各种业务。因此，直线制组织结构适用于规模较小、生产技术比较简单的企业。

例如，图 3-2 中的厂长，如果在直线制企业组织形式下，就必须既要懂机加工，又要懂油漆和装配方面的业务。这对厂长来说很难实现，也不利于厂长集中精力进行企业经营决策。

二、职能制组织结构

为了缓解直线制组织结构中各级主管的工作压力，出现了职能制组织结构，即各级行政单位除了接受上级的行政主管指挥之外，还必须接受上级各职能机构的领导，其结构如图 3-2 所示。

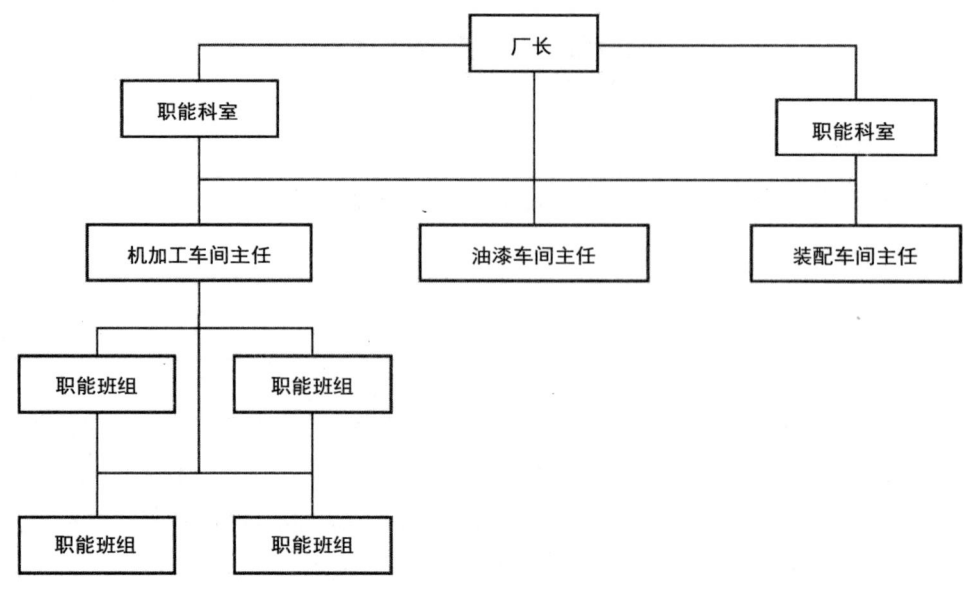

图 3-2 职能制组织结构图

（一）职能制组织结构的优点

职能制组织结构能适应现代化工业企业生产比较复杂、管理工作分工比较精细的特点；能充分发挥职能机构的专业管理作用，减轻直线领导人员的工作负担。

（二）职能制组织结构的缺点

职能制组织结构妨碍了必要的集中领导和统一指挥，形成了多头领导，不利于明确各级行政负责人和职能科室的责任。例如，图 3-2 中的机加工车间主任，既受厂长领导，又要受上级职能科室的领导，而且在上级行政领导和职能机构的命令和指导发生矛盾时，下级会无所适从，影响工作的正常进行，容易造成纪律涣散，生产秩序混乱。由于这些缺点，现代企业一般都不采用这种组织结构形式。

三、直线—职能制组织结构

直线—职能制组织结构，也称生产区域制组织结构，或直线参谋制组织结构。它是在直线制组织结构和职能制组织结构的基础上，取长补短而建立起来的。目前，我国大多数企业都采用这种组织结构形式。这种组织结构形式把企业管理结构和人员分为两大类：一类是直线领导机构和人员，按命令统一原则对下级行使指挥权；另一类是职能机构和人员，按照专业化原则，从事组织的各项职能管理工作。直线领导机构和人员在自己的职责范围内有一定的决定权和对下属的指挥权，并对自己部门的工作负全部责任。而职能机构和人员则是直线指挥人员的参谋，不能直接对部门发号施令，只能进行业务指导，其结构如图 3-3 所示。

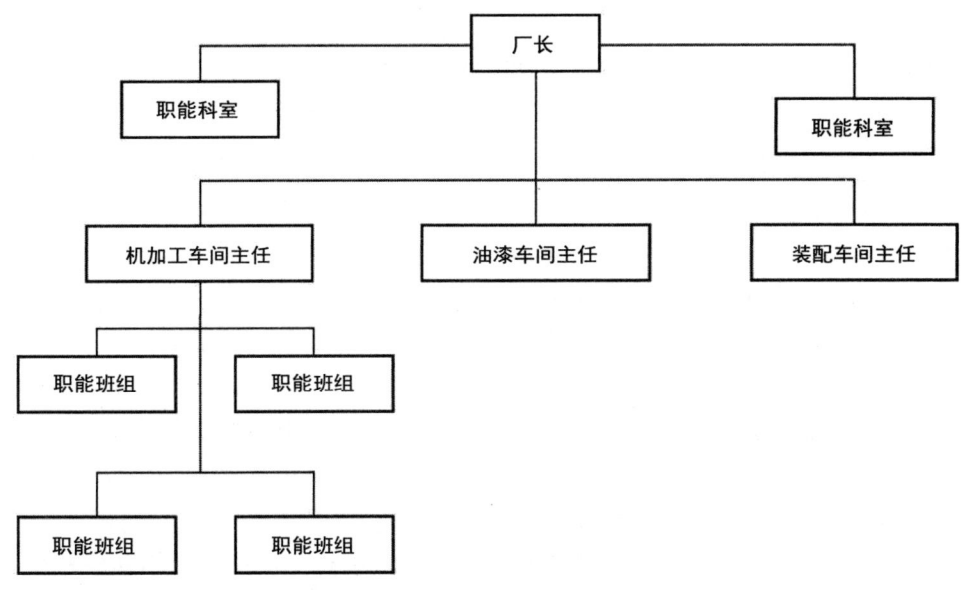

图 3-3 直线—职能制组织结构图

（一）直线—职能制组织结构的优点

直线—职能制组织结构既能保证企业管理体系的集中统一，又可以在各级行政负责人的领导下，充分发挥各专业管理机构和人员的作用。

（二）直线—职能制组织结构的缺点

直线—职能制组织结构的缺点表现在两个方面：一方面，职能部门之间的协作和配合性较差，职能部门的许多工作要直接向上级领导请求，加重了上级领导的工作负担；另一方面，也造成办事效率低下。为了克服这些缺点，可以设立各种综合委员会，以协调各方面的工作，减轻上级领导的负担，提高工作效率。

四、事业部制组织结构

事业部制组织结构的基本做法是：把一个企业的生产经营活动按产品类别或按地区分成不同的组成部分，每一部分就是一个事业部。从产品的设计、原材料采购、成本核算、产品制造，一直到产品销售，均由事业部及所属工厂负责。各事业部独立经营，单独核算。一般企业总部只保留人事决策、预算控制和监督权。企业总部通过利润等指标对各个事业部进行控制。事业部制的组织结构如图 3-4 所示。

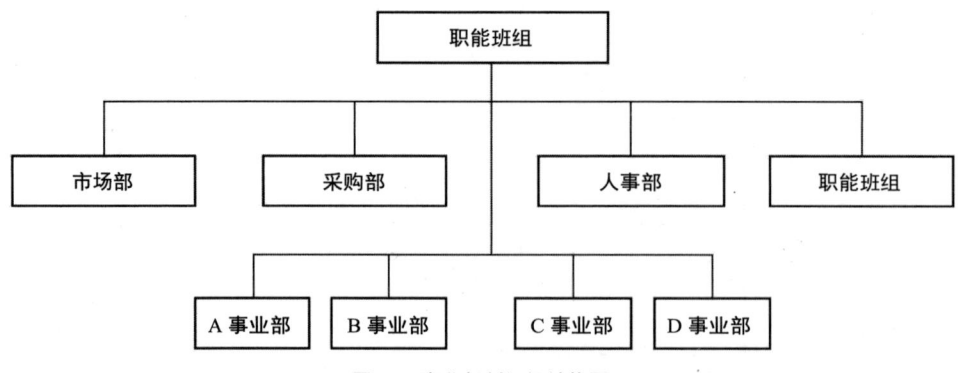

图3-4 事业部制组织结构图

不论按产品划分事业部,还是按区域划分事业部,事业部都应具有3个基本要素,即相对独立的市场、相对而言独立的利益和相对独立的自主权。

(一) 事业部制组织结构的优点

1.事业部制是一种高度集权下的分权管理,通过集权,企业总部的高层管理者和经营者负担减轻,可以集中精力进行长期战略目标的研究,对企业整体战略性问题进行迅速、准确的决策;通过分权,各个事业部的主管都能在自己的权力范围内对相应市场做出快速反应,决策迅速。

2.各事业部独立经营,实行独立核算,在一定程度上分散了公司整体的经营风险,各个事业部经营成果也一目了然,便于总部对其进行考核;同时,各个事业部内部的供、产、销之间更容易协调,更便于组织专业化生产和实现企业内部的协作。

3.总部往往通过各个事业部的业绩对其进行考核和评价,所以这在一定程度上会促进各个事业部之间的相互竞争,容易形成竞争氛围,更能发挥各个事业部的积极性,也有利于促进企业的发展。

4.各个事业部的经理要从事业部的整体来考虑解决各种问题,有利于公司不断培养和训练管理人才。

(二) 事业部制组织结构的缺点

1.公司与事业部的职能机构部分重叠,会出现管理人员和其他非生产性人员增加的倾向,造成管理人员及相关费用的浪费。

2.事业部实行独立核算,各个事业部通常只考虑自身的利益,这在一定程度上或在某些特殊的市场环境下会影响事业部之间的协作,同时也会造成事业部之间交流困难,不利于相互取长补短。

3.事业部之间、事业部与总部之间的一些业务联系与沟通往往被经济关系所取代,甚至总部的职能机构为事业部提供决策咨询服务时,事业部也要支付咨询服务费,这使总部与各个事业部之间的关系变得松散,不利于总部对各个事业部的控制。

综上,事业部制是一种适用于规模庞大、产品品种繁多、技术复杂的大型企业的高度集权下的分级管理体制。

五、模拟分权制组织结构

模拟分权制组织结构是介于直线—职能制组织结构与事业部制组织结构之间的一种企业组织结构形式。它适用于钢铁、化工、原料、医药等连续生产的大型企业。

所谓模拟，就是模拟事业部制的独立经营、单独核算，即按地区或其他标准把企业分成许多"组织单位（生产单位）"，并把它看成"事业部"，但不是真正的事业部。这些生产单位有自己的职能部门，享有较大的自主权，各个生产单位按"内部转移价格"进行产品交换并计算利润，进行"模拟性"的独立核算，负有"模拟性"的盈亏责任。这样做的目的是调动各生产单位的生产积极性，改善企业生产经营管理。模拟分权制的关键是准确确定各生产单位生产的中间产品的价格。模拟分权制的组织结构如图3-5所示。

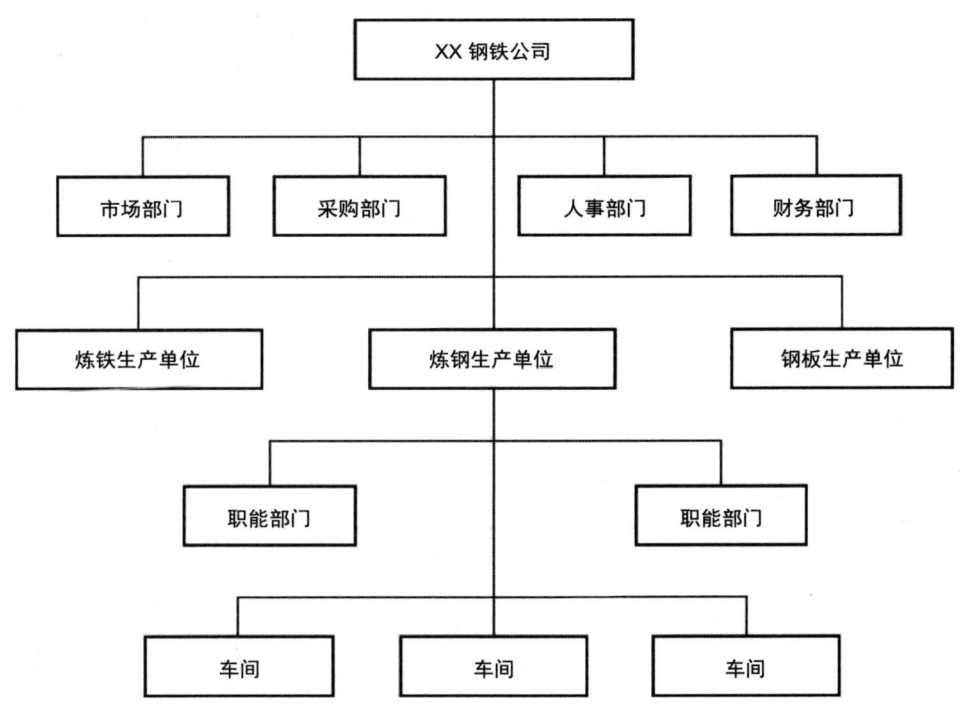

图3-5 模拟分权制组织结构图

（一）模拟分权制组织结构的优点

1.通过模拟分权可以减轻高层领导管理者处理日常事务的负担，把精力更多地投入企业战略研究上。

2.企业内部通过模拟形成生产单位后，各单位相对独立，可调动其积极性，也便于考核各单位成绩。

（二）模拟分权制组织结构的缺点

1.正因为是模拟分权，缺乏明确的标准，所以关于分权大小、幅度以及各个单位之间的统一管理和协调也不易量化和明确。

2.各个生产单位因为没有自己独立的外部市场，而在工序上或流程上又是互相衔接的,所以产品在内部转移时实行的是内部价格,确定该价格时也缺乏明确的标准,造成效益核算不准确。

六、矩阵制组织结构

矩阵制组织结构是从专门从事某项工作的工作小组发展而来的一种组织结构,是一种既保持了直线—职能制组织形式(垂直领导系统),又成立了按规划目标划分的横向领导系统(可以加强横向部门之间的沟通协调)的企业组织结构,因此又被称为目标规划管制组织结构,其结构如图3-6所示。

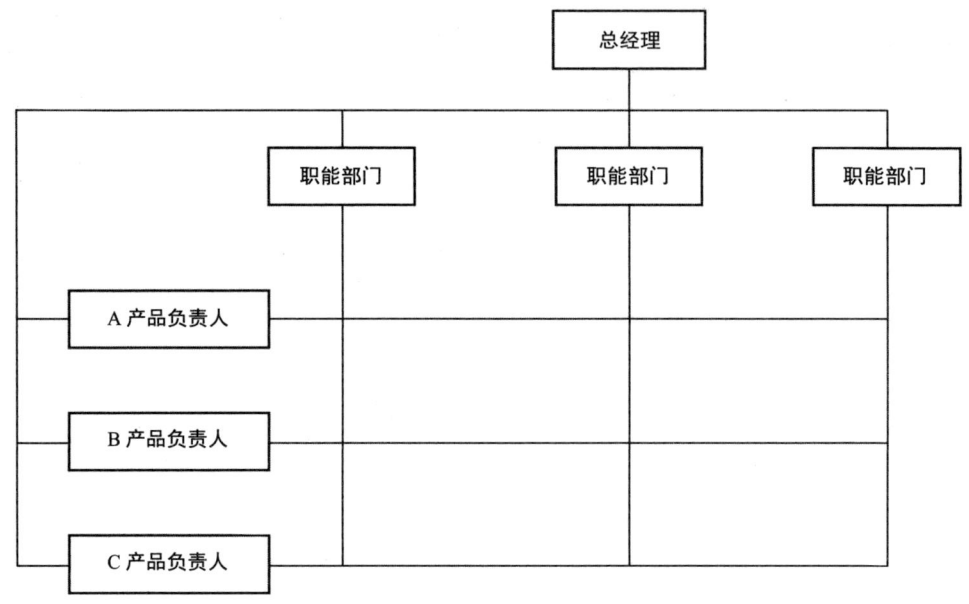

图3-6 矩阵制组织结构图

矩阵制组织结构适用于产品多且变化大、单件或极小批量生产的大型产品或工程项目,特别适用于以开发与实验项目为主的企业或单位,如应用研究单位。在传统的工业企业中,主要适用于企业中涉及面广、多个部门参与、临时性的、复杂的重大工程项目,如企业新产品开发、技术项目攻关等。

矩阵制组织结构形式的特点是围绕某项专门任务成立跨职能部门的专门机构。例如,企业进行新产品开发工作,组成一个专门的产品(项目)小组,在研究、设计、实验、制造等各个不同阶段,由相关部门的相关人员参加,通过协调各个职能部门的关系,保证任务的顺利完成。这种组织结构的形式是固定的,而人员却是变动的,项目小组的负责人及组织内的人员是为了完成任务临时任命和组织的,完成任务后就退出组织,各自回到原来的职能部门。因此,矩阵制组织结构具有一定的临时性。

(一)矩阵制组织结构的优点

1.矩阵制组织结构灵活、机动,可随着项目的开发与结束而组合或解散。由于是根据项目来进行组织的,因此任务清晰、目标明确,而且各职能部门所有专业人员都是有备而来的，对于人员融入工作、加强组织纵向联系和横向联系都有益处。

2.将各个职能部门的专业人员集中在一个项目小组进行工作，比分散在各个部门更容易协调和管理。

3.参加项目攻关小组可增强参与人员的荣誉感，激发其工作积极性。

（二）矩阵制组织结构的缺点

1.项目负责人的责任大于权力，使得其在某些特殊情况下开展工作时力不从心。

2.由于矩阵制组织结构是为了某种临时性目的而形成的，项目小组成员仍隶属于原部门，成员存在受到项目负责人和原部门负责人双重领导的问题。另外，项目负责人缺乏足够的激励与约束手段来对成员进行管理，也是矩阵制组织结构的先天缺陷。

3.在矩阵制组织结构中，因项目多是为攻关需要而成立的，任务完成后各成员仍要回到原来的部门，因而容易产生一些临时心理，特别是当项目遇到挫折或重大困难时，成员心理不稳定，不利于工作。

（三）矩阵制组织结构的发展趋势

在一些成功应用这种组织结构的企业里开始出现立体组织结构（多坐标的矩阵制组织结构），其中可以包括直线—职能制组织、事业部、研发小组以及地区和时间等多维坐标，形成立体多维的矩阵组织。

七、企业组织模式创新

在20世纪80年代末至20世纪90年代初产生了一些新的组织模式，这些组织模式如今已成为各种社会组织，尤其是企业新的组织模式。与传统的层级制组织类型相比，其具有简化结构层次、人员和机构配置精干、组织运作快捷高效等优点，同时也面临内部稳定性差、经营风险压力加大等方面的严峻考验。这些新的组织模式往往是对中上层组织结构的改造，而中下层组织结构仍然实行传统的组织模式。一些新的组织模式把企业间的联结关系纳入一定的组织结构框架下，拓宽了组织模式的适用范围。这在组织模式进化史上，是一个重大创新，具有重要的现实意义。

（一）虚拟公司模式

这是企业之间的一种暂时的组织形式，是不同的企业通过合作所组建的一定形式的"战略联盟"，因此又称为战略联盟组织模式。由于所加盟的各个企业之间没有一个稳定的中心，彼此之间便形成一种紧密的合作关系，在组织结构的形态上呈现出一种团状结构，因而还可以把它称为团簇型组织模式。所加盟的各个企业可以充分发挥自己的竞争优势，共同开发一种或几种产品，并迅速地把共同开发的产品推向市场。所加盟的企业共同分担所有的成本费用，共同享有开发产品所研制的高新技术。一旦联盟的目标实现，先前所组建的虚拟公司即宣布解散，为了新的战略目标，又可经过重新组合，创建新的虚拟公司。虚拟性组织主要有虚拟生产、共享共生、策略联盟、虚拟销售网络、虚拟行政管理等。

虚拟公司模式与传统的企业组织模式相比，具有如下特点：

第一，组织结构上的松散性。虚拟公司打破了传统公司组织结构的层次和界限，是由一些独立的企业在自愿的基础上、为了一定的战略目标而组建的松散企业联盟形式。因此，它没有总部办公室，也没有相应的组织机构图和众多的管理层次。虚拟公司只关心成员企业与联盟战略目标有关的经营问题，对成员企业的其他经营问题则不直接介入。因此，虚拟公司在管理上具有很大的松散性。这便于节约资源，重点发展中心活动。

第二，技术联盟是整个公司战略联盟的基础。虚拟公司的联盟，是以一定的高新技术的开发和应用为基本内容的，实质上是一种技术联盟。为了使这种技术联盟具有较高的市场竞争力，各个加盟的企业要具有在所联盟中心技术上的巨大合作潜力和优势的互补性。所联盟的中心技术常常与那些企业的未来发展息息相关，而其研究开发耗资巨大且风险程度很高。所加盟的企业在所联盟中心技术上或是具有将所研制的新技术为基础的新产品推广到国内外市场的优势，或是具有相关零部件的生产优势，或是具有在该中心技术上的科学技术研究优势。

第三，增强了企业的市场竞争力。虚拟公司是由一些独立的企业组织起来的临时性公司，易于抓住转瞬即逝的市场机会，具有灵活经营的优势。虚拟公司能够动员众多的成员企业加盟，能够迅速融通巨额资金，综合成员企业各具优势的设计技术和制造技术，组建阵容强大的技术和产品开发力量，具有整体经营的优势。虚拟公司通过若干企业联盟而达到适宜的经营规模，从而取得单个企业无法实现的规模经济效益，具有规模经营的优势。

（二）团队结构模式

团队，是对工作活动进行组织的一种非常普遍的手段，过去在基层管理的工作设计中广泛使用。当管理层把团队这一组织形式运用到一个组织的中上层，成为该组织的中心协调手段时，这个组织就实行了团队结构组织模式。团队结构的主要特征如下：

第一，它把横亘在一个组织的上层和基层之间的各个职能部门进行分解和弱化，把决策权分散到工作小组的层次上，形成一个中间细小的组织结构。自20世纪80年代以来，信息加工和通信技术的巨大进步，使一个较小的管理层能够对为数众多的商品制造或提供服务的一线工作人员进行协调，使得原有组织模式下主要从事信息传递和加工的中间管理层变得多余。这种高层不大、中间层细小、基层宽大的组织结构形似古代的计时器——水漏，故又称水漏型组织模式。

第二，团队结构的组织成员既是专家，又是通才。在团队组织模式中，由于中高层管理人员队伍的缩小，一线工作人员的纵向提升机会减少了，而横向流动却变得更加频繁。通过横向流动，可以使一线工作人员从事报酬更高的工作，减少长期从事一项工作的单调感和枯燥感，从而为失去纵向提升体会提供了一种补偿。频繁的横向流动，使一线工作人员的技能多样化，变专才为通才。对中高层管理人员来讲，要处理各种各样来自基层的问题，也需要他们具有多方面的知识，不仅是一个领域的专家，而且是多个领域的通家。

（三）网络组织模式

网络组织模式是由若干相互独立的组织构成的一个不断变动的组织系统。在传统组织模式下,通常由一些部门完成的工作任务,如产品设计、制造、人力资源管理、培训、会计、数据处理、包装、仓储和交货等,在网络制组织模式下通过承包给其他公司去完成。

网络制组织模式的主体由两个部分构成:一部分是中心层,另一部分是外围层。中心层由单个企业家或企业家群组成,直接管理一个规模较小、支付报酬较低的办事人员队伍,而这个办事人员队伍保持着高度的流动性和最大限度的精干性。外围层由若干独立的公司组成,这些独立的公司与中心层是一种合同关系,而合同关系又经常变更,呈现出极大的不稳定性。构成一个网络的若干公司与网络中心之间的关系在紧密程度和优惠待遇上也呈现较大的差异,中心层与外围层之间通过电话、传真机、计算机网络、昼夜交货服务和律师等手段进行联系。

网络制组织模式在组织结构上具有如下特点:

第一,组织结构上的网络化。网络制组织的中心通常只是一个小规模的经理人员集团。这些经理人员的职责是对那些从事制造、销售和其他一些主要职能的组织之间的关系进行协调,他们把大部分时间用在通过计算机网络系统对外部关系进行协调和控制上。网络中心作为网络制组织的固定存在形态,它在进行各项业务时主要是依靠网络外层的公司提供的职能进行的。

第二,组织结构上的柔性化。网络组织把重点放在自己能够做得最好的职能工作上,可以把除此之外的任何职能工作,不论是制造、营销还是运送或其他职能工作,都让目前还不属于该网络组织的其他经营单位去做,这些经营单位所提供的产品或服务的质量高、价格便宜,这样保持了组织结构上的灵活性、柔性化,可以最大限度地提高网络组织的经济效益。

第三,组织结构上的虚拟化。由组织结构的柔性化可知,网络制组织可以把许多并不一定隶属网络中心的独立经营的公司或经营单位纳入自己的网络,具有组织结构虚拟化的特点。由于网络制组织在组织结构上的虚拟化,因而又把网络制组织模式称为虚拟组织模式。

(四) 扁平化组织模式

扁平化是相对传统的金字塔组织而言的,它使企业管理层次减少,管理幅度扩大,因此许多企业出现了"中空化"趋势。组织结构扁平化有两个重要条件:一是信息技术的广泛应用;二是组织成员要有独立作战能力,素质要高。

(五) 无界限组织模式

无界限组织模式的界限,是指指挥链的界限、组织与它的供货商及顾客之间的界限。无界限组织寻求消除指挥链所带来的限制,让控制幅度无限扩大,用授权团队代替职能部门。

第一,在一定程度上消除纵向结构上的界限,层级制结构扁平化。主要办法有建立跨层级小组、决策参与制和全方位业绩评价体系等。跨层级小组的成员包括高层经理人员、中层管理者、监督人员和第一线的工作人员等。参与决策制是指一个组织的重大决策的参与者不仅包括高层管理人员,而且涉及一些普通的组织成员。全方位业绩评价体系是指对组织成员工作业绩的评价人由同层级的人员、上级人员和下级人员组成。

第二,减少横向组织结构上的界限。途径有二:一是用跨职能部门小组代替职能部门;二是实行不同职能领域之间的人员横向转移和轮换。跨职能部门小组是围绕一种产品或一项服务的整个生产经营过程来安排各项活动。人员的横向轮换则可将一些组织成员由专家变为通家。

第三,突破地理距离所带来的组织成员的家庭所在地和工作所在地之间的隔绝,实行家中上班制度。实行家中上班制度在一定程度上突破了公司在物理空间上的界限。

第四,尽力打破组织与组织环境之间的界限。全球化、战略联盟和组织—顾客之间的联系渠道等都可以突破组织与外部环境之间的界限。

无界限组织模式的一个重要的技术基础是网络化计算机系统。网络化计算机系统使人们能够打破组织内和组织间的界限,进行通信联系。例如,电子邮件使数百名公司员工能够同时分享某一信息,让文件管理人员直接向高级经理人员传递信息。

第四章

现代企业经营环境

第一节 企业的环境

企业的经营活动都是在市场中进行的,而市场又受到政治、经济、技术、社会文化的限定与影响。所以,企业从事生产经营活动必须从环境的研究与分析开始。

一、企业环境的定义和确定性

企业环境是指与企业生产经营有关的所有因素的总和,可以分为外部环境和内部环境两大类。企业外部环境是影响企业生存和发展各种外部因素的总和。企业内部环境又称为企业内部条件,是企业内部物质和文化因素的总和。任何企业的生存与发展都必须以外部环境为条件,以内部环境为基础,都不可能脱离企业的经营环境去安排生产经营活动。

企业外部环境与内部环境是相互联系、相互制约的。外部环境因素一般是不可控因素。企业经营者只能收集和利用这些因素,并采取适应性措施。在采取适应性措施的过程中,还要与自身的内部环境因素结合起来进行考虑,充分发挥其自身优势来影响环境,使企业经营得以顺利进行。

企业外部环境与内部环境是动态的有机结合。企业的内部环境因素推动,促进外部环境因素向着有利于企业发展的方向变化。当外部环境因素给企业带来不利影响时,企业就应调整其内部环境因素以克服和改变这种不利因素的影响。企业经营者应通过对企业经营环境的分析,努力谋求企业外部环境因素、内部环境因素与企业经营目标的动态平衡。

二、企业与环境的关系

企业与环境之间存在着密切的联系。一方面,环境是企业赖以生存的基础。企业经营的一切要素都要从外部环境中获取,如人力、材料、能源、资金、技术、信息等,企业的产品也必须通过外部市场进行营销。同时,环境能给企业带来机遇,也会造成威胁。问题在于企业如何去认识环境、把握机遇、避开威胁;另一方面,企业是一种具有活力的社会组织,它是在适应环境的同时也对环境产生影响,推动社会进步和经济繁荣。企业与环境之间的基本关系,是在局部与整体的基本架构之下的相互依存和互动的动态平衡关系。

因此,企业必须研究环境,主动适应环境,在环境中求得生存和发展。

第二节 企业的外部环境分析

企业经营的外部环境因素通常存在于企业外部,是影响企业经营活动及其发展的各种客观因素与力量的总和。外部环境是由短期内不为企业所支配的变量组成的,是企业不可控制的因素。企业通过收集外部环境信息,敏锐洞察到企业受到哪些方面的挑战和威胁,又面临怎样的商业机会与发展机遇。进行企业外部环境的分析,就是要通过获取可靠的信息,对企业经营的外部环境关键战略要素进行较为全面透彻的分析。

一、企业外部环境的定义及其分析的作用

企业外部环境的内容非常复杂,根据不同行业、不同企业对环境研究的范围和深度不同,可将环境分为微观环境、中观环境、宏观环境及国际环境。

二、企业外部环境分析的主要内容

(一)宏观环境

1. 政治与法律环境

政治环境是指制约和影响企业经营的各种政治要素及其运行所形成的环境。它主要

包括五个方面，即国家的政治制度、政党制度、政治社团、国家的方针政策和社会的政治气氛，如政治倾向、政治热情、政治思想等。

法律环境是指与企业相关的社会法律系统形成的环境。它主要包括国家的法律规范，国家司法与执法体制、制度，企业的法律意识等。

政治与法律环境对企业经营的影响是广泛而深刻的，有时甚至是决定性的。一般来说，一个国家的政治稳定、法律昌明，就有利于企业健康、稳定地发展。

2. 经济环境

经济环境是指构成企业生存和发展的社会经济状况及国家经济政策。宏观经济环境主要包括四个方面，即社会经济结构、经济发展水平、经济体制和宏观经济政策。

（1）社会经济结构分析。社会经济结构又称国民经济结构，通常是指一个国家的产业结构、分配结构、交换结构、消费结构、技术结构及所有制结构等，其中产业结构最为关键。

（2）经济发展水平分析。经济发展水平通常是指一个国家或地区经济发展规模、速度和所达到的水准。主要指标有国民生产总值、国民收入、人均国民收入、经济发展与增长速度等。企业通过经济水平分析，可以把握经济发展的总趋势。

（3）经济体制分析。经济体制是指国民经济的管理制度及运行方式，它规定了国家与企业、企业与企业、企业与各经济部门的关系，并通过一定的管理手段和方法，调控和影响社会经济活动的范围、内容和方式等。它对企业生存与发展的形式、内容、途径等提出了系统的基本规则与条件。企业领导者应准确地把握我国经济体制改革的基本方向，及时建立起适应新体制的思想观念和行为方式。

（4）宏观经济政策分析。经济政策是指国家制定的一定时期内的经济发展目标及为达到经济发展目标而确定的战略与策略，包括全国经济发展战略和产业政策、分配政策、价格政策、贸易政策、劳动工资政策、财政与货币政策等。宏观经济政策规定企业活动的范围和原则，引导和规范企业的经营方向，协调企业之间、部门之间、局部与全局之间关系，保证国民经济正常运行，实现国民经济发展目标与任务。

3. 科技环境

企业科技环境是指企业所在社会环境中的科技要素及与要素直接相关的各种社会现象集合，主要包括社会科技水平、社会科技力量、国家科技体制、国家科技政策与科技立法等。

社会科技水平是构成企业科技环境的首要因素，它包括科技研究的领域、科技研究成果的门类分布以及先进程度、科技成果的推广运用三个方面。社会科技力量是指一个国家或地区的科技研究与开发的实力。国家科技体制是一个国家科技系统的结构、运行方式及其与国民经济其他部门的关系状态的总称，主要包括科技事业与科技人员的社会地位、科技机构的设置原则和运行方式、科技管理制度、科技成果推广渠道等。国家科技政策与科技立法是国家凭借行政权力和立法权力，对科技事业履行管理、指导职能的途径。上述因素都会对企业的生产经营和管理活动产生多方面影响。企业应充分认识科技环境变化给自己带来的机会，抓住机会，实现自己的技术进步与技术升级。

4. 社会与文化环境

企业的社会环境包括社会阶层的形成与变动、人口结构与人口流动、社会权力结构、人们的生活与工作方式等因素。

企业文化环境是指由哲学、语言、文学与艺术等要素构成的环境系统，其对企业经营的影响多为间接的。

5. 自然环境

自然环境是指企业所处自然资源与生态环境，包括土地、森林、河流、海洋、生物、矿产、能源等要素以及资源消耗、环境保护、生态平衡等方面的发展变化。企业应特别关注自然环境中以下主要动向：第一，某些自然资源的日益短缺化；第二，环境污染日益重化；第三，许多国家对自然资源管理的干预日益强化；第四，环保型消费层的兴起。自然环境的制约对现存企业经营形成种种威胁，但对未来发展却展示出更多的经营机遇。

（二）行业环境

所谓行业，是指按企业生产的产品或服务的性质、特点，以及它们在国民经济中所起作用的不同而划分形成的工商业类别。行业的分类，通常根据产品的经济用途来进行，如建筑材料工业、食品工业等部门；或按使用的原材料或工艺过程来分类，如橡胶工业、金属加工工业、冶金工业、纺织工业等。对各行业的分析，要从如下几个方面入手：

1. 行业竞争结构分析

任何生存于某一行业的企业，都要面临或承受来自潜在进入者的威胁、行业中现有企业间的竞争、替代品或服务的威胁、供应者讨价还价的能力、用户讨价还价的能力这五个方面的竞争压力。行业的竞争结构如图4-1所示。这五种竞争压力的现状、消长趋势及其综合强度，决定了行业竞争的激烈程度和行业的获利能力，进而决定了企业所在行业环境的性质。

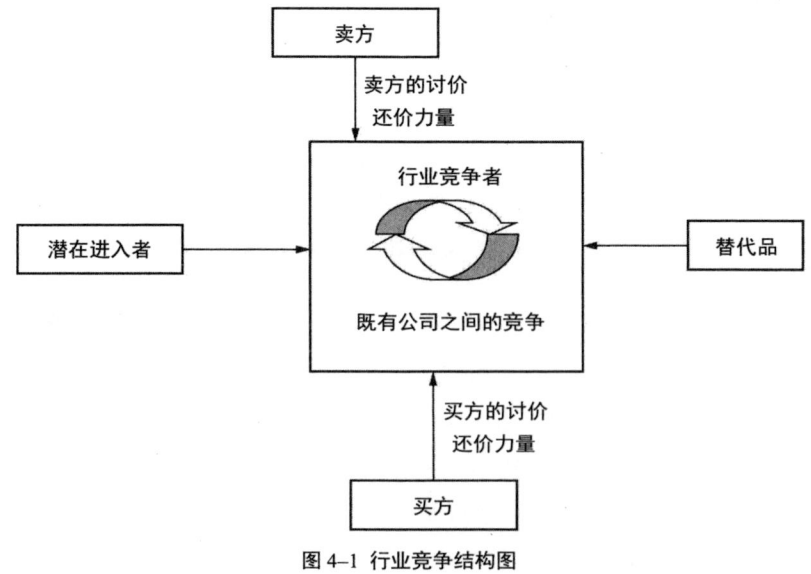

图 4-1 行业竞争结构图

（1）潜在进入者的威胁。所谓潜在进入者，可能是一个新办企业，也可能是一个采用多角化经营的原来从事其他行业的企业。这个潜在进入者会给行业带来新的生产能力，并要求取得一定市场份额。该潜在进入者对本行业威胁大小取决于该企业为进入新行业所付出的代价及其进入新行业后原有企业反应的强烈程度。

（2）替代品的威胁。替代品是指那些与本行业现有产品具有相同或相似功能的产品。若替代品的营利能力很强，它对现有产品的压力就大，就会使本行业的企业在竞争中处于被动地位。若替代品生产者采用迅速增长的策略，也会构成本行业发展的威胁。若用户对改用替代品在经济上和心理上没有什么障碍，则替代品对本行业压力较大。

（3）用户（买方）的压力。用户要求本行业的产品价格更低廉、质量更好，提供更多的售后服务，这对本行业也会构成压力。

（4）同行业中现有企业的竞争。在研究同行业中现有企业的竞争时，要研究行业中企业竞争的态势，辨别竞争的性质，这对于企业制订好自己的企业战略是至关重要的。

（5）供应者（卖方）的压力。是指供应者在一定条件下有可能提高原材料或其他供应品价格或降低供应品质量或二者双管齐下，以获取更多的利润。

2. 行业生命周期分析

行业生命周期是指从行业出现到行业完全退出社会经济活动所经历的时间过程。其主要包括四个发展阶段：幼稚期、成长期、成熟期、衰退期。

3. 行业的社会经济地位分析

一般来说，行业的产值、利税、吸纳劳动力数量在国民经济总量中所占的比重越大，行业现状及未来对国民经济整体的影响越大，市场综合竞争能力越强，行业地位也越重要。

4. 行业特性分析

可以从行业分工、行业在社会生产过程中的位置、行业所用资源和技术结构、行业的技术前景等方面分析行业特性。比如，从行业分工看，其处于哪个层次；从行业所用资源和技术看，其属于资本密集、技术密集还是劳动密集型行业等。通过这种分析，有助于企业把握行业在社会产业体系中的层次、位置与特点，据以采取不同的对策。

5. 行业中企业规模结构分析

行业内的企业规模结构通常有两种类型：一类是悬殊型；另一类是均衡。

6. 行业内企业数量结构分析

一般来说，行业内企业数量较多，说明市场规模大，进入该行业的障碍相对较小，行业内的大企业也相对较少；反之，说明市场规模小，进入该行业的障碍大，行业内的大企业相对较多。

7. 行业内企业组织结构分析

主要分析行业内企业联合的状况，对联合与竞争的形势进行分析、评价与预测。

8. 行业内市场结构分析

主要分析行业的市场供求状况，有供大于求、供求平衡、供不应求三种情况。一般来说，对供不应求的市场，进入者大量涌入，企业应注重如何形成优势；对供求平衡市场，企业应注重如何在激烈的竞争中巩固优势；对供大于求的市场，企业应考虑如何先人一步,寻找取得相对竞争优势的办法或退出该行业。

9. 社会环境对行业发展限制的分析

一个行业在发展过程中,可能会受到某些环境因素的限制(如化工、制药、水泥、造纸等行业),应当防止由于企业的生产经营而对空气、森林、水源、地貌等自然环境的污染,主动承担起社会责任,做到环境友好、良性循环的可持续发展。

(三)微观环境

企业微观环境是指企业的人、财、物、供、产、销、技术、信息、时间等直接发生关系的客观环境,是决定企业生存与发展的基本环境。分析企业微观环境,应着重抓住如下几个方面:

1. 顾客分析

顾客是企业产品和服务的购买者,包括企业产品或服务的用户和中间商。企业与顾客的关系,通常表现为服务与被服务、购买与销售、选择与被选择、争夺与被争夺的关系。因此,要对顾客进行分析,了解顾客的需求内容、趋势及特点,顾客的消费心理、消费习俗及层次等。既要努力满足顾客的需求,又要积极引导需求,创造新的市场。

2. 供应者分析

供应者是指为本企业提供生产经营活动要素(人、财、物、信息、技术等)来源的单位。供应者的基本要求是与企业建立稳定、合理的交易关系,并取得合理的利润。

3. 竞争者分析

所谓竞争者,是指本企业争夺市场与资源的对手。它们或生产与本企业相同或相似的产品以争夺市场;或使用与本企业相同的资源,形成资源竞争的关系。从不同角度,可以把竞争者区分为直接竞争者与间接竞争者、现实竞争者与潜在竞争者等。

企业与竞争者的关系主要有以下三种:

(1)相互争夺市场与资源的关系。竞争双方争抢市场和人才、技术、资金、信息等资源,都企图获得更大的市场份额和更多的资源,还积极争夺潜在的市场和新的资源。谁占有了市场与资源,谁就有了长远发展的良好条件与稳定基础。

(2)相互削弱对方竞争能力的关系。为应对这种竞争,企业应全面了解和研究竞争对手的长处和短处,了解竞争对手的经营思想、经营战略、经营计划、经营特点及作风等,从而明确本企业的竞争地位及相对优势,为本企业制订战略提供依据。

(3)与竞争对手相互妥协的制衡关系。竞争双方若开展激烈的竞争,会造成两败俱伤的结果,企图削弱对方壮大自己也有困难。此时,企业为了维护自己的竞争地位,会与竞争者之间通过谈判在某些方面达成协议,进行合作,从合作中双方都得到利益,实现双赢,甚至多赢。这是一种协作型竞争关系。

4. 同盟者分析

在企业经营中,对同盟者的分析是十分重要的。从不同角度来看,可将同盟者分为基本同盟者(全面与本企业合作)、临时同盟者(某时、某事、某方面合作)、直接同盟者与间接同盟者、现实同盟者与潜在同盟者、长期同盟者与短期同盟者等。随环境条件变化,同盟者立场、态度、行为及同盟程度都可能改变,甚至成为竞争者。因此,企业应对各类同盟者的状况、发展趋势及特点进行分析。

5. **其他微观环境因素分析**

企业还应对运输部门、外贸部门、上级业务主管部门、财政和税务等部门进行分析，与企业所在社区的机构的关系也要处理好，否则都可能会给企业正常的生产经营活动带来直接的不利影响。

（四）国际环境

目前国际环境出现了五个明显的特点，即全球信息化、全球经济一体化、国际上企业之间的兼并和联合形成高潮、知识经济在世界范围内逐渐崛起、虚拟经济与实体经济比翼双飞。

（1）全球信息化。全球信息化为全球经济一体化提供了技术支持。具有以下四个特点：

其一，互联性。世界互联网及各种内部网络的发展，使得各国经济及其发展具有相互依存性。

其二，整合性。信息的整合就会产生生产力的突破，并推动生产力飞速发展，如计算机、电信、电视三电合一，就是一项意义深远的整合活动。

其三，敏捷性。信息传递是以光速传输的，极大地提高了信息传递的速度和时间利用率。

其四，组织机构的扁平化。由于信息化使得企业组织再次集权，最高决策层可以直接同最基层执行单位联系，企业的中间管理机构失去了存在的必要性，生产者与消费者之间的距离缩短了，界限模糊了，消费者可以参与产品或服务的设计与生产过程，为自己的爱好而与生产者合作。

（2）全球经济一体化。全球经济一体化最突出的特点是跨国公司的发展。

（3）国际上企业之间兼并和联合形成高潮。由于竞争的需要，国际上许多大公司相互联合、兼并已成为一个趋势。

（4）知识经济在世界范围内逐渐崛起。所谓知识经济，是以高新技术产业为支柱，以智力资源为依托的可持续发展的经济。知识经济的特点如下：

其一，经济发展的可持续化。

其二，资产投入无形化。

其三，决策知识化。

（5）虚拟经济与实体经济比翼双飞。一方面，信息化使世界空间变小，世界成了地球村；另一方面，信息化又使空间变大，多了一个多媒体空间，出现了虚拟商店、虚拟市场、虚拟银行、虚拟公司、虚拟医院、虚拟学校、虚拟研究中心等。

第三节 企业的内部环境分析

一、企业内部环境的定义

企业内部环境，又称企业内部条件，是指存在于企业之内，企业自身能够自主控制的因素的总和。

二、企业内部环境分析的主要内容

（一）资源

资源是指被投入企业生产过程的生产要素，如资本、设备、员工的技能、专利、财务状况以及经理人的才能等。

企业资源可以是有形的，也可以是无形的。有形资源，是指那些可见的、能量化的资源，主要包括企业的财务资源、组织资源、实物资源和技术资源四个方面。财务资源主要指企业筹款能力，以及企业产生内部资金的能力。组织资源主要指企业报告系统以及它正式的计划、控制和协调系统。实物资源包括厂房、商标、版权等。

无形资产，是指那些根植于企业的历史、长期以来积累下来的资产。因为它们是以一种独特的方式存在的，所以不容易被竞争对手了解和模仿。知识、员工之间的信任、员工的思想、创新能力、管理能力和企业品声誉等，都是无形资产。由于无形资产更难被竞争对手购买、模仿或替代，企业更愿意把无形资产作为它们能力和核心竞争力的基础。无形资产还有另一个特点，就是它们的价值可以被更深层次地挖掘出来。

（二）能力

能力来源于资源的有效整合，同时它也是企业核心竞争力的来源。通过有形资产和无形资产的不断融合，企业所拥有的能力使企业能够利用洞察力和智慧创造并利用外部的机会，建立持久性的优势。能力通常是在某种职能领域（如生产、研发、市场营销）或者某一职能领域的部分领域中得到发展。研究表明，企业在某个职能领域建立起来的竞争能力与企业的经营状况相关。因此，企业必须致力于在多元化企业里建立一种职能性的核心竞争能力。

价值链是企业用于分析能力的有效工具，反映了企业的资源增值过程。在不同的行业中，企业的价值链存在明显的不同。一些行业在产品设计阶段的增值比较明显，如计算机软件业。而另外一些行业可能在营销和分销阶段的增值较多，如软饮料行业。企业必须根据行业的特点和本身的条件来完成资源增值的过程。

战略管理学者把企业的活动分成两类：一类是基本活动，主要涉及如何将输入有效地转化为输出，这部分活动直接与顾客发生各种各样的联系；另一类是支持性活动，主要体现为一种内部过程。

1. 基本活动

基本活动主要包括以下几类：

（1）物流输入。物流输入包括资源接收、储存和分配活动，也包括材料处理、库存控制和运输等。

（2）生产运营。这一活动将各种输入转化为最终的产品和服务，如制造、工艺调整和测试等。

（3）物流输出。包括产品的接受、储存和分销活动。

（4）推广及销售。主要包括消费行为研究、广告和促销等。

（5）服务。包括安装、维修、培训和提供备件等。

2. 支持性活动

支持性活动主要包括以下几类：

（1）基础活动。它主要包括计划、财务、管理信息系统和质量控制及法律服务等。

（2）技术活动。它包括产品的研发和设计活动。

（3）人力资源管理与开发。它包括人员的招聘、选拔、培训、补偿和激励等。

随着经济全球化、一体化进程的加快，任何一个企业都是创造产品和服务的价值系统的一部分。因此，在了解价值产生和企业能力时，不仅要考察组织的每项内部活动以及它们之间的联系，而且要对包括采购和销售链在内的整个价值过程进行深入分析。

（三）核心竞争力

核心竞争力，是指那些能为企业带来相对于竞争对手的竞争优势的资源和能力。并非所有的企业资源和能力都是竞争价值并能带来竞争优势的，因为有些资源和能力可能会削弱企业的竞争能力，这可能会反映在企业相对于竞争对手较弱的领域。譬如，如果企业没有足够的资产，就有可能无法购买那些用于生产的设备，也无法雇佣相关人员，在这种情况下，财务资产就变成了一个弱项。

核心竞争力都是能力，但并非每一种能力都是核心竞争力。在实际操作中，一种能力要想成为核心竞争力，必须是从客户的角度出发，是有价值并不可替代的；从竞争者的角度出发，是独特并不可模仿的。也就是说，要判别一种能力是否是核心竞争力，只需要看其是否满足四个标准，即它是有价值的、稀有的、难以模仿的及不可能替代的，见表4-1。

表4-1 核心竞争力的四个标准结合的结果

资源和能力是否有价值	资源和能力是否稀有	资源和能力是否难以模仿	资源和能力是否不可替代	竞争后果	业绩评价
是	否	否	是/否	竞争对等	平均回报
是	是	否	是/否	暂时性竞争优势	平均回报到高于平均回报
是	是	是	是	持久性竞争优势	高于平均回报

从表4-1中可以看出，企业只有运用那些有价值的、稀有的、难以模仿的及不可

替代的能力,才能获得持久性的竞争优势,并持久获得高于行业平均利润水平的超额利润。

第四节 企业的竞争环境分析

一、企业竞争环境分析的作用

企业面对的市场通常是一个竞争市场,制造和销售同种产品的企业通常不止一家。多家企业生产相同的产品,必然会采取各种措施争夺用户,从而形成市场竞争。现有竞争对手之间经常采用的竞争手段有价格战、广告战、引进产品,以及增加对消费者的服务和保修等。

二、企业竞争环境分析的主要内容

(一)竞争者的多少及力量对比

一个行业内的企业数目越多,行业竞争越趋于剧烈。即使一个行业内企业数不多,但各个企业都处于势均力敌的地位,也会导致竞争的激烈。

(二)市场增长率

市场增长率低的行业,有可能导致竞争加剧;反之,则有可能导致竞争不激烈。

(三)固定费用和存储费用的多少

固定费用高的行业迫使企业要尽量利用其生产力。当生产力利用不足时,企业宁愿削价扩大销售量也不愿让生产设备闲置,因而使企业间竞争加剧。在存储费用高或产品不易保存的行业,企业急于把产品卖出去,也会使行业内竞争加剧。

(四)产品特色与用户的转换成本

若行业内用户的转换成本较低,则竞争就会比较激烈;若用户转换成本较高,行业内各企业的产品各具特色,那么,竞争就不会那么剧烈。

(五)行业的生产能力

若由于行业的技术特点和规模经济的要求,行业内的生产能力大幅度提高,将导致一段时期内生产能力相对过剩,造成竞争加剧。

(六)退出壁垒

所谓退出壁垒,是指退出某一个行业所要付出的代价,包括以下几个方面:
1 未用资产,退出该行业时,企业将蒙受重大损失。
2.退出的费用,包括人员安置、库存物品处理的费用等。
3.策略性影响,如企业形象对企业营销、财务方面的影响等。
4.心理因素,如经理人员或员工不愿退出该行业。

三、企业的竞争态势分析的基本方法

企业是在一定行业中从事经营活动的经济组织,行业环境的特点直接影响着企业的竞争能力。影响行业内竞争结构及强度的因素主要有：潜在的行业新进入者、替代品的威胁、购买商讨价还价的能力、供应商讨价还价的能力及现有竞争者之间的竞争。

（一）对潜在竞争对手的分析

一种产品的开发成功,会引来许多企业的加入。这些新进入者既可以给行业注入新的活力,促进市场竞争,也会给现有厂家造成压力,威胁它们的市场位。一方面,新进入者加入该行业,会带来生产能力的扩大,带来对市场占有率的要求,这必然引起与现有企业的激烈竞争,使产品价格下跌；另一方面,新进入者要获得资源进行生产,可能使得该行业生产成本提高。这两方面都会导致行业的获利能力下降。

新厂家进入行业的可能性的大小,既取决于进入难易程度,又取决于现有厂商的反击程度。如果进入障碍大,现有企业激烈反击,潜在的加入者就难以进入该行业,对已加入者的威胁就小。决定进入障碍大小的主要因素有以下几个方面：规模经济、产品差别优势、资金需求、转换成本、销售渠道、与规模经济无关的成本优势。

（二）对现有竞争对手的研究

主要包括以下内容：

1.基本情况研究。
2.对主要竞争对手的研究。
3.对竞争对手的发展动向的研究。

（三）对替代品生产厂家的分析

对替代品生产厂家的分析主要包括两个内容。其一,确定哪些产品可以替代本企业提供的产品。这实际上是确认具有同类功能的产品的过程；其二,判断哪些类型的替代品可能对本企业的经营造成威胁。为此,需要比较这些产品功能的实现能够给使用者带来满足程度与获取这种满足所需支付的费用。如果两种相互可以替代的产品,其功能实现可以带来大致相当的满足程度,但价格却相差悬殊,则低价格产品可能对高价格产品的生产和销售造成很大的威胁。如果这两类产品的功能与价格之比大致相当,则相互间不会造成实际的威胁。

（四）对购买商的分析

购买商在两个方面影响着行业内企业的经营。其一,购买商对产品的总需求决定着行业的市场潜力,从而影响行业内所有企业的发展；其二,不同用户的讨价还价能力会诱发企业之间的价格竞争,影响企业的获利能力。因此,对购买商的研究包括两个方面的内容：购买商的需求（潜力）分析和购买商的价格谈判能力。

（五）对供应商的分析

企业生产所需的许多生产要素是从外部获取的,提供这些生产要素的经济组织,也在两个方面制约着企业的经营。其一,这些经济组织能否根据企业的要求按时、按质、按量地提供所需的生产要素,影响着企业生产规模的维持和扩大；其二,这些组织提供

货物时所要求的价格决定着企业的生产成本,影响着企业的利润水平。所以,供应商的研究也包括两个方面的内容:供应商的供货能力或企业寻找其他供货渠道的可能性,以及供应商的价格谈判能力。

四、企业战略分析方法

(一)企业战略分析方法的概念

企业战略分析方法,是一种综合考虑企业内部条件和外部环境的各种因素,进行系统评价,从而选择最佳战略方案的方法。企业内部的优势和劣势是相对于对手而言的,主要表现在企业的资源、能力等方面。判断企业内部的优势和劣势,一般有两项标准:一是单项的优势和劣势;二是综合的优势和劣势。此种优势和劣势则由上述的方法得出。

(二)企业战略分析方法的应用

企业战略分析方法,一般依据企业的目标,列表写出对企业生产经营活动及其发展有着重大影响的内部及外部因素,并且根据所确定的标准,对这些因素进行评价,从中判定企业的优势和劣势、机会和威胁。常用的方法是对所列出的主要因素逐项打分,然后按因素的相对重要程度加权求其代数和,以判断其中的内部优势、劣势以及外部的机会和威胁。在此基础上,企业便会比较容易地选到所要应用的战略。例如,某企业对影响其发展的内、外部各种因素进行系统分析,画出企业战略分析表,见表4-2。

表4-2 企业战略分析表

项目	因素	启示
劣势	(1)管理方面 A.本公司有6类产品,但因集权型管理,效力发挥不佳 B.中级主管绩效欠佳者过多 (2)市场及产品方面 A.产品甲、乙过时,市场占有率急剧下降 B.一客户购买量占产品乙销量的50%	(1)管理方面 A.宜采用分权型组织 B.加强管理,制订培训计划 (2)市场及产品方面 A.对产品需加以改造 B.开拓新市场,降低对单一客户的依赖
优势	(1)管理方面 研究及开发部门能力较强 (2)市场及产品方面 产品丙在发展的市场中占有率日渐上升	(1)管理方面 宜兼顾模仿 (2)市场及产品方面 宜再投资,提高投资报酬率
威胁	(1)环境方面 一分厂可能遭受政府提高安全标准之累,但该标准近期难以达到 (2)竞争方面 产品丁的原材料价格可能上涨	(1)环境方面 着手设计新生产方法,以期符合新标准的要求 (2)竞争方面 努力改进工艺,降低成本
机会	(1)市场方面 预测产品甲的需求将上升 (2)财务方面 现金充裕	(1)市场方面 宜进行研究,是否提高生产能力 (2)财务方面 考虑是否引进新的生产线

依上述分析表作图,运用相应战略做出选择,如图4-2所示。

图4-2中,第Ⅰ类的企业,具有很好的内部优势和众多的外部环境机会,应当采用增长型战略,如开发市场、增加产量等;第Ⅱ类企业,面临巨大的外部环境机会,但受到企业内部劣势的限制,应采用扭转型战略,充分利用环境带来的机会,设法清除劣势;第Ⅲ类企业,内部存在劣势,外部面临强大威胁,应采用防御型战略,进行业务重整,设法避开威胁和消除劣势;第Ⅳ类企业,具有一定的内部环境优势,但外部环境存在威胁,应采取多种经营战略,利用自身优势,在多样化的经营上寻求长期发展的机会。

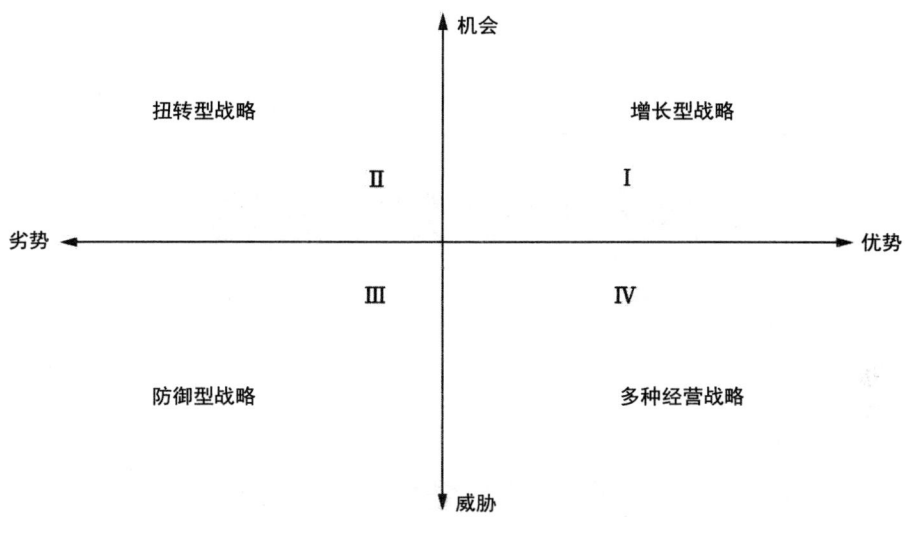

图4-2 企业战略分析图

第五章

现代企业文化管理

第一节 企业文化概述

作为一种新的企业理论,企业文化日益引起人们的关注。在企业的动作中,存在着大量非经济因素,即文化因素。为此,应注重用多种文化手段来建立一种全新的现代企业管理模式。

一、企业文化的含义

"企业文化"作为一个新的概念,于20世纪70年代末到20世纪80年代初提出。关于企业文化的内涵,国内外学者有各自的看法,可以归纳为以下五类:

(一)五因素说

企业文化是由五个因素组成的系统,其中价值观、风俗仪式、文化网络和领袖人物是必要因素,而另一个因素——企业环境,则被认为是形成企业文化唯一且最重要的因素。

(二)两种文化总和说

企业文化是企业物质文化和精神文化的总和。物质文化是显性的文化,包括厂房设施、原材料、机器、工具、产品等;精神文化是隐性的文化,包括价值观、信念、作风、习俗、传统等以人的精神为寄托的各种文化现象,以及企业的管理制度和行为方式。

（三）同心圆说

同心圆说认为，企业文化包含三个同心圆，外层圆为企业的物质文化，包括企业内部的机器设备、厂房和生产经营的产品等；中间圆为企业的制度文化，包括企业内部的规章制度和人际关系等；内层圆是企业的精神文化，包括企业的价值观念、行为规范等。物质层、制度层和精神层三者相结合便形成了企业文化。

（四）精神现象说

精神现象说认为，企业文化是企业在运转和发展过程中形成的包含企业最高目标、共同价值观、作风和传统习惯、行为规范、思维方式等在内的有机整体，是以物质为载体的各种精神现象，是企业的"意识形态"。

（五）群体意识说

群体意识说认为，企业文化是指企业员工群体在长期的实践中所形成的群体意识及行为方式。所谓群体意识，是指员工所共同的认识、情绪情感、意志及性格风貌。

目前，被普遍采用并得到国内外学者广泛认同的观点是：企业文化是以人为着眼点，一种以人为中心的管理方式，强调要把企业建成一种人人都具有共同使命感和责任心的组织；是企业在一定的外部环境的影响下，长期生产经营实践中逐步形成和发展起来的具有本企业特点的、日趋稳定的企业价值观念、人文环境、经营宗旨、企业哲学以及与此适应的思维方式和行为方式的总和。人们把企业文化分为广义和狭义两种。广义的企业文化是指企业物质文化、行为文化、精神文化以及制度文化的总和。狭义的企业文化是指以企业价值观为核心的企业意识形态。企业文化的核心是一种共有的价值观，是指导企业和企业人行为的哲学。

展望未来，市场竞争正在出现许多新态势，企业模式在创新，企业发展战略在创新，企业文化建设也在创新。今后，企业文化的发展同企业的经营活动和管理创新将更加紧密地结合起来。企业文化将更加突出地表现为一种市场经济中的微观文化、企业经营管理文化。

二、企业文化的作用

企业是人性化的组织，而人性化的实质是体现多样性和差异性。因此，在企业这样的人群集体里要驱动、招引个体成员整齐划一地沿着一个方向进发，最少也得有两套措施：一是"格式化"，即以制度、计划、纲领、文件等为约束之；二是"同使命"，即以自发一致的使命感为导向。这两种手法一刚一柔，从管理学上讲，二者都不可或缺。但从组织发展的角度来看，后者具有确是更高的层次，因此难度系数大一些。其作用主要有以下几个方面：

（一）引导作用

任何一个企业文化都以概括企业精神、富有哲理性的语言暗示企业的目标与方向，成为其行为准则的组成部分。也就是说，企业文化能够在企业具体的历史环境及条件下将人们的事业心化为具体的奋斗目标和行为准则。因此，即使当企业发展道路上出现一些险阻，内化在职工心目中的企业精神和发展目标也丝毫不会动摇。

（二）凝聚作用

企业文化的形成使得企业员工有了共同的价值观，增加了相互间的共同语言和信任，使全体人员在较好的文化氛围中相互交流和沟通，减少各种摩擦和矛盾，使企业上下左右的关系较为密切、和谐，各种活动更加协调。

（三）约束作用

企业文化对员工行为具有无形的约束力。它以潜移默化的方式，形成一种群体道德和行为准则，同时使员工产生自控意识，达到内在的自我约束。

（四）激励作用

企业文化力求把职工的生活和工作统一起来，使之成为职工愿意、喜欢从事的工作。员工把企业的兴衰与自己的命运紧紧相连，有一种发自内心的愿望要把工作做好。拥有这种"家气氛"的企业文化将激励员工更加努力工作。

（五）辐射作用

企业文化比较集中地体现了企业的基本宗旨、经营哲学和行为准则。企业员工在社会上的每一次言行，向社会大众展示着本企业成果的管理风格、良好的经营状态和积极的精神风貌，从而为企业塑造良好的整体形象，树立信誉，扩大影响。

（六）教育作用

要将企业文化植根于员工的脑海里，必须对员工进行长期、深入的企业文化教育和培训，让每位员工从深层次上理解企业文化的内涵，从而形成共同的价值观，以增强企业内部的凝聚力和整合力。

（七）制度作用

企业文化的贯彻和实施，要有相应的制度作为保障。企业制度保障企业文化的传播，二者相辅相成。企业制度是硬约束，企业文化是软约束，只有将二者有机结合，企业员工才能在双重监督下，积极努力地为企业出谋划策。

（八）奖惩作用

企业文化作用的发挥不仅需要教育的感化、制度的约束，而且需要奖励和惩罚去引导和加强。奖惩制度是将企业文化植根于企业员工心目中的一种有效手段。

第二节　企业文化的基本内容

根据企业文化的定义，企业文化的内容是十分广泛的，应包括以下几点：

一、制度文化

企业制度是企业及其成员共同的行为规范,是企业协调员工的力量,是实现企业目标的基本手段。制度作为企业生产经营实践经验的总结,既是企业的价值观、道德规范、经营哲学的反映,也是企业管理民主化、科学化程度的体现;既是企业文化的一个重要内容,也是企业文化的载体之一。

企业规章制度实际上是企业文化规范性的反映,所承载的本身就是企业文化的内容。企业规章制度的权威性、强制性、稳定性、变动性、群众性、有限性等特点,都体现了企业文化的要求。

企业的规章制度既是企业文化规范化反映,也是企业文化得以强化和发展的重要保证。一定的企业文化一旦形成,就对企业的行为起到极大的制约作用。

在企业文化系统结构中,制度文化位于行为文化之后是必然的。制度是任何一个社会组织团体正常运转不可少的因素之一,它是组织为了达到特定目的所制定的行为规范,也是一种人为制定的程序化、标准化的行为模式和运行方式。它规定哪些行为应受到肯定和赞扬,哪些行为应被禁止和批评,从而带有鲜明的强制性。

二、价值文化

所谓价值观念,是人们基于某种功利性或道义性的追求而对人们(个人、组织)本身的存在、行为和行为结果进行评价的基本观点。企业价值观是以企业中的个体价值观为基础、以企业经营管理者价值观为主导的群体价值观念。企业价值观是企业文化的核心,决定和影响着企业存在的意义和目的、企业各项规章制度的价值和作用、企业中人的各种行为和企业利益的关系,为企业的生存和发展提供基本方向和行动指南,为企业员工形成共同的行为准则奠定了基础。

三、人本文化

在剧烈的市场竞争环境里,在决策正确的前提下,哪个企业能够最大限度地调动员工的积极性,激发员工的潜力,哪个企业就能争取主动,就能获得长足发展。"以人为本"把人作为企业管理的根本出发点,把做人的工作、充分调动人的积极性作为企业管理的根本任务。也就是说提倡尊重人、相信人、激励人、开发人,使人能动地发挥其无限的创造力。人本文化,是未来企业文化的主旨和主旋律。人本文化就是以人为中心,以文化人。具体内容如下:

(一)树立人的生命本位意识

尊重生命,热爱生命,珍视和放大生命价值。创造有安全保障的工作环境,保护人的生命,提高人的生命质量。

（二）尊重人的人格与尊严

张扬个性，满足人的自尊需求，使人活得有尊严。

（三）重视人的自我价值

秉承人人是人才的理念，为实现和提升人的自我价值搭建事业平台，为员工的晋升和发展创造更好的条件，寻找员工价值与企业价值的契合点。

（四）体现人的主体地位

保障人的参与与分享权利，使员工成为企业文化的创造者、实践者和共享者。

（五）促进人的全面发展

加强对员工的培训，提高人的整体素质，既追求人力资本的最大回报，也为社会培养合格及高素质的社会公民。

在现代企业生产经营活动中，或者说在生产力的进步中，人是最积极、最活跃、最关键的因素，是创造力的源泉。人的主观能动性发挥得如何，直接关系到企业生产经营效率的大小和经济效益的高低。建设企业文化，就是要建设一种环境，使企业中优秀的人才脱颖而出。因此，如何发现人才、团结人才、使用人才是对企业经营管理者的另一个要求。用人方法如下：

（1）尊重知识，尊重人才。人才是企业的第一资源，也是最宝贵的资源。拥有了人才，企业就拥有了知识技术和先进的经营管理方法，这些都是企业经营发展之本。

（2）在实践中发现人才。人才是在实践活动中成长起来的，当然也要通过实践活动来识别。人各有特点，人才考核的要素应当包括素质结构、智力结构、能力结构、绩效结构。

（3）知人善任，用人所长。"知人"是"善任"的前提条件，用好人才，必须首先做到知人。所谓"知人"，不仅"知"人才的长处和短处，而且要"知"人才的过去和现在，更要"知"人才的将来。所谓"善任"，就是选拔人才加以启用时，要善于发挥人才的长处，克服其短处，调动人才周围人员的积极性，从各方面为人才充分发挥作用创造条件，为人才的今后发展打下基础。

（4）疑人不用，用人不疑。管理者要遵循"用人不疑"的原则。管理者对下级在量才授职之后，就要放手让他们工作，提供一些必要的指导，相信他们的聪明才智，发挥他们的主观能动性，让他们自己努力去实现预定的目标，使其在事业成功后，获得成就感。

（5）唯才是举。企业领导者不仅要有识才的能力，而且要有荐才的勇气。向企业推荐人才，实际上就是帮助企业发掘至宝。人才的成长要经过一定的智力投资，付出一定的代价。人才一旦被发掘出来，在适当的岗位上充分发挥作用，将极大地提高企业的经济效益。

四、创新文化

企业文化创新是企业创新的一项重要内容，主要是指导企业为了适应不断变化的客观环境而对企业文化各构成要素所进行的一系列变革的总和。其核心是企业精神文化的再造，旨在建设一种有利于企业适应环境变化的新文化，更好地促进企业持续、快速和健康发展。企业文化创新在现代企业经营中占据着重要地位，具有不可替代性。企业文化创新的内容包括企业精神创新、企业制度创新、形象创新。

企业文化创新是现代企业管理的重要组成部分，是企业赖以生存和发展的基础。随着市场竞争的加剧，企业文化创新直接关系到企业的命运和未来。因此，企业必须坚持文化创新，维持并提升企业与环境的和谐共存。具体表现在以下几个方面：

（一）企业文化创新有利于增强企业综合实力

企业文化创新通过对价值观的培育，以一种前所未有的新思维直接作用于人的观念意识、思维方式，进而影响到人的行为，有助于达成对改革、创新的共识，促使员工理解、支持创新。企业通过文化创新推动企业经营观念、管理观念的变革和创新，用高效率的管理、高质量的产品和服务取得良好的经济效益，提升企业的竞争力。同时，企业文化创新能够培育一种强有力的管理方式，把企业的各个方面、各个环节有机地结合起来，促进企业整体素质的提高，从根本上增强企业活动，为企业参与竞争打下良好的基础。

（二）企业文化创新有利于企业持续全面的创新

企业文化创新是企业可持续发展的一个重要指标和鲜明特征。现代企业文化创新对企业技术创新、管理创新等有重要作用，是企业创新的基础，是企业可持续发展的有力保障。同时，企业文化创新是一个动态过程，当企业内外条件发生变化时，企业文化也相应地进行调整、更新、丰富和发展，使企业适应环境的应变创新能力大大增强。企业文化在与环境同步变化的过程中，能够有意识地选择合适的企业文化以适应挑战，这样才能在激烈的市场竞争中依靠文化带动生产力，实现企业的可持续发展。

（三）企业文化创新有利于培育优秀的企业家和企业精神

企业家是创新活动的策划者和组织者，是构成企业核心竞争力的基本要素，也是培育独特的、积极向上的企业精神的关键所在。一个具有企业文化创新的企业必然是一个强调不断提高全体员工（包括企业家）的文化素质、知识能力、社会责任感和道德水平的企业。同时，企业文化创新也有利于企业家主动更新观念，迎接变革，适应新经济发展的要求。

在创新与变革文化的导向下，企业至少表现出以下几个方面的文化风格：

1.具有强烈的危机意识。
2.敢于挑战自我，志在追求更高的目标。
3.善于打破今天的平衡，创造新的平衡，使企业永远处于动态的发展中。
4.不怕冒风险，善于在风险中寻找更好的经营机会。
5.宽容失败，为了鼓励人们创新与变革，能够宽容在创新中出现的失误。
6.善于行动，凡事都试一试，千方百计把好的想法变成现实。

五、道德文化

道德是企业文化的重要内容之一，是一种特殊的意识形态和行为规范，贯穿于企业经营活动的始终和管理活动的各个层面，对企业文化的其他因素及整个企业运行质量都有深刻影响。

道德是有层次的，既有符合现实的一般道德，也有滞后于现实的落后道德，还有超越现实、与先进文化同步的高尚道德。要实现员工行为和企业倡导的价值观的统一，必须坚持道德高标准，即崇尚高尚道德。也就是说，只有通过企业的伦理道德建设，把企业制定和倡导的先进道德规范化为企业员工的自觉行为，从而变成员工的无意识或潜意识行为，企业的价值观才能得以贯彻。

第三节 企业文化建设

社会主义市场经济的发展，会给每个企业带来发展机会，同时也带来挑战。企业文化建设要继承和发扬企业文化中的优良传统，更要更新观念。特别是在经营哲学、价值观念、社会责任等方面要适应社会主义市场经济的要求。

企业文化建设是一个长期的动态过程，不能急于求成，也不能照搬别人的模式。一般来说，要考虑营造企业的文化氛围、提炼企业价值观、倡导企业精神、重视企业文化的传播与沟通、重视企业文化变革五个方面逐步提高。

一、营造企业的文化氛围

应全面收集企业现有资料，通过调查厂史、厂情的正式与非正式组织，摸清企业自创以来已形成了什么样的传统作风和行为模式，以及有什么样的特点，在现有企业文化中哪些是积极向上且应该发扬的。在调查分析的基础上，根据企业的经营特点，发动广大职工参与企业文化的设计，通过各种方案的比较、融合、提炼，集企业职工的信念、意识、行为准则、共同理想、企业目标、社会责任、道德风尚为一体，提出有特色的企业文化建设目标。这个目标应既有继承性，又有时代性，能使全体职工树立起良好的价值观念，在企业内部形成团结、和谐的氛围。

二、提炼企业价值观

企业价值观是指企业决策者对企业性质、目标、经营方式的取向做出的选择，是员工所接受的共同观念，是长期积淀的产物。企业价值观是企业员工共同持有的，是支持员工精神的主要价值观。企业价值观是艰苦努力的结果，是把所有员工联系在一起的纽带，是企业生存发展的内在动力，是企业行为规范制度的基础，是企业文化的核心，是企业对周围客观事物的意义、重要性的总的评价和总的看法。

不管社会如何变化，产品会过时，市场会变化，新技术会不断涌现，但是在优秀的公司中，企业价值观不会变，它代表着企业存在的理由。如果企业全体职工对某个重大经营决策能达成共识，就将使企业每个职工的行动导向一致的标准。根据经验总结，成功的企业都十分重视培育共同的价值观念。其内容包括：向顾客提供优质产品和服务；注重发挥职工的主动性和创造性；培养热爱国家和集体、热爱本职工作的精神；强调职工之间相互沟通和协作。

对企业有价值的东西有很多，这类对象既可以是一套先进的生产设备等物质客体，也可以是思想观念。企业本身的价值也有很多，既可以是物质价值，也可以是精神价值。也就是说，企业不仅需要造出新产品，而且需要进行观念上的创新。这些对于企业有价值的东西以及企业本身所具有的各种各样的价值，集合起来就成为一个企业的价值体系。

企业价值观是对企业最高价值的表述，不可能囊括企业价值体系中的各个方面，有时必须进行一定程度的取舍，从而寻找出本企业最重要的价值。通过对许多成功企业的考察，管理专家给出了如下的企业价值次序：

1. 人的价值高于一切。企业的价值就在于关心人、培育人、满足人的物质和精神的需要。同时，对于那些要获得成功的企业来说，最有价值的因素不是物，不是制度，而是人。

2. 共同的价值观念、经营观念等软因素的价值要高于硬管理因素和其他软管理因素的价值。

3. 为社会服务的价值高于企业利润的价值。这是因为：一方面，企业的目的、使命和价值在于社会提供物美价廉的产品和优质服务，利润不应成为企业的最高目的，只应视为社会对企业的酬劳；另一方面，调动企业人员积极性的最有效手段不是利润指标，而是为社会多做贡献的使命感。

4. 共同协作的价值高于独立单干的价值。

5. 集体的价值高于自我价值。

6. 普通岗位的价值高于权力的价值。

7. 企业知名度的价值高于利润的价值。

8. 维护职工队伍稳定的价值高于赚钱的价值。

9. 用户的价值高于技术的价值，应该靠用户和市场来驱动。用户的建议总是最为经济实惠的，这便是服务的黄金定律。

10. 保证质量的价值高于推出产品的价值。

11. 集体路线的价值高于正确决策的价值。

这些企业价值次序来源于许多成功企业的实践经验，并非纯理论的推导。它们不一定对所有企业都适用，因此，一个企业在确立自己最高价值时，可以根据本企业的实际情况及企业未来发展进行考虑。当然，这并非对这一企业价值次序的全盘否定，对许多尚未完全把握企业价值意义的企业而言，它的指导意义仍是毋庸置疑的。

三、 倡导企业精神

企业精神是指在生产经营活动过程中逐渐形成的，建立在共同的信念和价值观基础上，为企业职工所认可和接受的一种群体意识，是企业职工团结奋斗的凝聚剂，代表着企业职工的精神风貌。

企业精神具有自己的特点，即：（1）要有时代性。企业是社会的细胞，社会发展的一切痕迹和时代的烙印，都会非常清晰、明显地反映在企业行为中。同样，企业精神是时代精神在企业这一微观领域内的折射，它不会也不可能超越时代的一般特征。（2）要有哲理性。企业精神是一定深度精神境界的反映。（3）要有个性。文化贵在个性，企业精神隶属于亚文化层次的企业文化范畴，是企业这样一个具有独立法人资格、自主经营、自负盈亏的经济组织的独特信念。因此，必须要有个性化的体现，充分反映各自企业的历史、行业、产品、职工、地区等特点。

四、 重视企业文化的传播与沟通

（一）企业文化传播的含义

文化具有交流、传播的属性，作为社会亚文化的企业文化自然也不例外。企业文化传播是指企业文化特质从一个群体或个体，传递、扩散到另一个群体或个体的过程。企业文化特质广泛而持续地传播、扩散和流动，就能为企业全体成员共同认可并享有。企业文化特质的传播只有通过企业全体成员的交往活动才能实现。企业中人与人的关系是动态的交往关系，在交往中，人们以各种形式和媒介沟通信息，交流观念和情感体验，这一活动过程是双向传播、相互作用的。

（二）企业文化传播的种类

企业文化传播可以分为文化共同体内的传播和文化共同体间的传播沟通两种。前者可称为企业文化内传播，后者可称为企业文化外传播与沟通。其中，企业文化外传播与沟通既包括国内企业之间的文化传播，也包括国际企业之间的文化传播。

企业文化内传播具有辅助企业文化形成和确立的功能，又兼有使企业文化传统得以继承、发扬，从而激励员工意志的功能。事实上，企业文化的形成、发展、积累都与企业文化内传播有着密切的关系。

企业文化外传播与沟通具有树立企业形象、提高品牌忠诚度和竞争力的功能，兼有推动社会精神文明建设，促进社会文化进步的作用。事实上，企业文化外传播与沟通是一种文化交流。因此，企业文化外传播与沟通的过程，也是企业文化与外部文化相互推动、不断成长的过程。

(三) 企业文化传播与沟通的技巧

企业文化传播与沟通的技巧很多,是对传播内容的美化与包装,指的是灵活运用一般传播原理、规律和方法所表现出来的具体而又特殊的传播方法。传播技巧不同于传播技术。技巧反映的是对信息"包装"传播的巧妙技能,对传播原理有很大的依赖性,而技术反映的是对信息"原样"传输的操作技能,对传输装备有很大的依赖性。企业文化传播技巧中往往包含着对企业文化传播技术的使用,但掌握了企业文化传播技术的人不一定同时懂得企业文化传播技巧。人类传播史证明,传播实践是传播技巧的源泉,而传播技巧也可以优化具体的传播实践,传播技巧又是传播经验的结晶。

1.组构技巧

(1) 明示法和暗示法。就是将所要传播的中心思想或基本内容做出明确的或含蓄的归纳总结。思想明示的基础是通过证明和逻辑推理而试图取得接受者的同意。思想暗示的基础是通过直接移植心理状态的途径在接受者身上发生作用。所以,明示法主要是理性的影响,而暗示法主要是情绪的影响。通常在具体的运用中,属于思想观点上的沟通,其结论宜明示;属于情感心灵上的联络,其意图宜暗示。接受者的接受能力若较弱,其思想宜明示;接受者的接受能力若较强,其思想又宜暗示。

(2) 首位法和新奇法。在出现两个以上的企业文化传播者和阐述两种相反的观点时,先出场的企业文化传播者和先阐述的观点在其特定的情境中获得了较大的企业文化传播效果,谓之首位法;相反,后出场的企业文化传播者和后阐述的观点也在特定的情境中获得了较大的影响效应,则谓之新奇法。这两种方法或技巧是在不同的情境或条件下起作用的,因此,很难说哪种技巧更为有效。在企业文化传播中,可以综合运用两种方法,用首位法取得好的第一印象,而后再以新奇法不断强化,巩固首位法形成的印象或效果。

2.论证技巧

(1) 引证法。企业文化传播者巧妙合理地引用事实材料和理论资料作为证明反驳观点的论据,称为引证法。引用资料证明观点时必须注意:事实要真实可靠;事实要典型生动,引文要准确贴切;资料要认真核实,要确保资料来源的可靠性和权威性。

(2) 印证法。印证法是企业文化的传播者隐藏在幕后,利用别人现身说法来达到间接证明自己观点或主张的目的。

(3) 比喻法。它是一种运用具体的形象比喻抽象的观点和道理的方法。一般是用人们比较熟悉而又容易理解的具体事物,证明人们比较生疏且比较抽象的道理。在比喻论证中,论据是喻体,论点是本体,二者之间有着某种共同特点。同文艺中的比喻不同,宣传中的比喻的目的是说明道理和论证观点。在具体的运用中,比喻法有直喻、隐喻、讽喻三种方式。

(4) 假借法。企业文化传播者有目的地把自己的观点、产品或行为与接受者普遍喜欢的美好事物联系起来,使人容易接受,这就叫假借法。形式有很多,如假借符号、假借声音、假借名人。

(5) 比较法。用正反两面的或相近似的事实或观点的比较来进行论证说理的方法,称为比较法。比较法可以使被论证的事物的某些层次更鲜明、更加突出,可以帮助人们准确地认识、评价事物,并能在大量相似的事物中找出各自的特点和共同点。

3."鼓动"技巧

(1) 赞扬法。赞扬法就是通过对某种思想和行为的肯定,使这些思想和行为得到强化和推广的方法。具体的运用中可采用精神赞扬、物质赞扬;直接赞扬、间接赞扬。

(2) 批评法。批评法是通过对某种思想或行为的否定,使其受到削弱并转化到正确方面来的方法。开展正确的批评和自我批评,要注意实事求是、与人为善,批评得适时适量。

(3) 情感激励法。这是通过抒发情感来达到企业文化传播目的的一种方法。

(4) 理性分析法。是运用概念、判断和推理来说明观点、剖析事理的方法。

(5) 角色扮演法。这种技巧的影响力取决于接受者对角色扮演者的认同程度和相信程度。

(6) 号召从众法。从众是一种普遍存在的心理现象,来源于群体意见和规范对个体所产生的不知不觉的压力感。所谓号召从众法,是指企业文化传播者的宣传总是力图接受者相信,能对他们产生真实或臆想压力的那个群体(个人)都已经或正在接受他所宣传的观点和方案,暗示(号召)接受者要想避免孤立、减少压力,就应该采取与多数人相一致的态度和行动。

4.传递技巧——多说法

宣传者成功的诀窍在于能说会道。只要企业文化传播者反复多次地向接受者传播自己的观点和主张,使其没有机会和时间来选择其他信息作为参考,接受者就有可能改变态度,采取企业文化传播者所期望的那种行动。而不论以何种多说法来传播,都必须遵循这样的原则:内容要真实可信,信息重复的频率强度和时距要适当,形式要富于变化。

五、 重视企业文化变革

(一)企业文化的变革的含义

企业文化变革是指由企业文化物质改变所引起的企业文化整体结构的变化。它是企业文化运动的必然趋势和企业生存发展的必然要求。企业文化变革的根源在于企业生存、发展的客观条件发生了根本性变化,是社会文化变革在企业内的反映。当企业经营环境改变,原有文化体系难以适应企业发展需要而陷入困境时,就必然通过文化变革,创建新的企业文化。因此,企业文化变革是企业文化发生飞跃的重要契机。在一般情况下,企业文化变革对企业文化发展有着促进作用,而在某些特定条件下,企业变革也有可能引起企业文化的逆转。

(二)管理哲学与管理思想变革

管理表层(如管理方式、方法、手段和工作作风等)的改变,从局部看似乎并不难,但整体的、系统的变革就涉及管理哲学与管理思想的根本改变,这是一场企业管理的价值革命,是很困难的事。

(三)经营理念的变革

企业经营的变革每天都在发生,经营规模、经营范围、经营对象、经营手段、经营方式等的经常性调整毫不奇怪。但经营理念的改变,如涉及企业使命的调整、经营目的的改变、顾客利益与企业利益关系的处理、竞争模式和盈利模式的选择等却是深层次的、不容易的。这种价值变革,有些在某一企业里因某些重大经营决策和事件的触发逐步展开,有些则因外部环境的急剧变化同时在一批企业发生,而后迅速形成一股新的思潮。当今世界,许多经营理念正在经受新的挑战和考验,促使企业挖掘新的经营智慧,改变经营思想。经营方面的价值变革不可避免。

第六章

现代企业财务管理

第一节 财务管理概述

一、财务管理的含义

企业财务是指企业在生产经营过程中客观存在的资金运动及其所体现的经济利益关系。

财务管理是利用价值形式对企业生产经营过程进行的管理,是组织财务活动、处理财务关系的一项综合性管理工作。

（一）财务活动

企业的财务活动是指以现金收支为主的企业资金收付活动的总称,包括资金的筹集、投放、使用、收回及分配等一系列行为。企业财务活动一般包括以下四个方面：

1. 筹资活动

在一定量资金的支撑下,企业的建立和经营活动才得以开展。企业进行经营活动的基本条件便是筹集必要的资金。由于各企业性质和组织形式各有不同,使得企业的筹资渠道和筹资方式存在一定的差异,常用的方式有以下两种：（1）筹集主权资金,包括吸收直接投资、发行股票、企业内部留存收益等方式；（2）筹集债务资金,包括银行借款、发行债券等方式。企业资金的流入是企业筹集资金的具体表现,企业资金的流出表现为企业偿还借款本金,支付利息、股利及付出各种筹资费用。这种因资金筹集而产生的资金收付活动,就是由筹资活动引起的财务活动。

2. 投资活动

企业投资分为广义和狭义两种投资形式。其中,广义投资又分为对内投资和对外投资。对内投资指的是企业将资金投放于企业内部的过程,如购置流动资产、固定资产、无形资产等投资行为。对外投资是指企业将资金投放于企业外部的过程,如购买其他企业的股票、债券或对其他企业进行的直接投资。狭义投资仅指对外的证券投资。广义的投资与狭义的投资的共同之处在于都需要企业支付资金,都以获取投资报酬为目的。当企业投资变现时,则会产生资金的收入。这种资金的收付,就是由投资活动引起的财务活动。

3. 资金营运

活动企业在日常生产经营活动过程中,会发生一系列的资金收付行为。首先,企业需要从外部采购材料或商品,用于生产和销售活动,还需要支付工资及其他营业费用;其次,在将商品或产品售出后,企业取得收入,从而达到资金的回收;最后,在资金不能满足企业经营需要时,则需要筹集所需资金,一般采取的方式为短期借款。营运资金是指为满足企业日常经营活动的需要而垫付的资金。因企业日常经营而引起的财务活动,也称为资金营运活动。资金的营运活动涉及以下三个方面的资金运动:供应阶段、生产阶段和销售阶段。

4. 分配活动

企业通过投资和资金营运活动在取得相应收入的同时实现了资金的增值。在补偿成本、缴纳税金后,企业取得的各种收入还要依据有关法律对剩余利润进行分配。进行分配时要注意两种资金分配报酬的不同之处:权益资金的报酬是按照税后利润进行分配的;负债资金的报酬是按照税前利润进行分配的。从广义上讲,分配是一种对企业各种收入进行分割和分派的行为活动。从狭义上来说,分配则仅指对企业净利润的分配。

上述四个方面的财务活动是相互联系、相互依存的。正是这些相互联系而又有一定区别的活动内容构成了一个完整的企业财务活动。

(二) 财务关系

企业的财务关系是指企业在组织财务活动过程中与有关各方所发生的经济利益关系。与企业各方面有着广泛财务关系的是企业资金的投放,分别在投资活动、资金营运活动、筹资活动和资金分配活动中有所体现。财务关系主要包括以下几个方面:

1.企业与投资者之间的财务关系,主要是指投资者向企业投入资金,企业以投资报酬的方式向投资者支付报酬而形成的经济关系。企业在接受投资者的投资之后,将其用于企业的生产经营活动,并按投资者的出资比例对产生的利润进行分配,形成一种经营权和所有权的关系。

2.企业与债权人之间的财务关系,主要是指企业向债权人借入资金,并按合同规定进行还本付息形成的经济关系。

3.企业与被投资单位之间的财务关系,主要是指企业通过购买股票或直接投资的方式，向其他企业注资而形成的经济关系。

4.企业与债务人之间的财务关系，主要是指企业将其资金以购买债券、商业信用等形式出借给其他单位所形成的经济关系。

5.企业与供货商、企业与客户之间的财务关系，主要是指企业在购买供货商的商品或劳务，以及向客户销售商品或提供服务的过程中所形成的经济关系。

6.企业与政府之间的财务关系，政府通过向企业收缴各种税款的方式而与企业发生的经济关系。

7.企业内部各单位之间的财务关系，是指企业在实行内部经济核算制度下，企业在生产经营过程中，内部各单位之间由于互相提供产品或劳务而形成的经济关系。

8.企业与职工之间的财务关系，主要是指企业向职工支付劳动报酬而形成的经济利益关系。

二、财务管理的原则

在正确组织财务活动和处理财务关系的前提之下，进行企业财务管理需要遵循以下几条原则：

（一）收益与风险均衡原则

在市场经济条件下，财务活动会遇到各种各样的风险。从理财主体角度进行分析，主要包括市场风险和企业特别风险。市场风险是所有企业必须共同面临的风险，而企业特别风险是个别企业需面对的风险，即企业因生产经营和举债经营的不确定性，使得企业对预期财务成果具有一定的不确定性。风险与收益相伴，要取得收益，就要面对一定的风险。作为企业来讲，如何达到收益与风险均衡是企业必须面对的问题，这就要求企业对每一项具体的财务活动进行收益性和安全性的分析，按照收益与风险均衡原则，趋利避害，力争做到以较低的风险获取较高的收益。

（二）利益关系协调原则

企业在组织实施财务管理过程中，应做好债权人和债务人、所有者和经营者、企业和个人、投资者和受资者之间的各种利益关系的协调与兼顾。

（三）资金时间价值原则

在资金筹集、运用和分配时，遵循货币时间价值原则能够有效提高财务管理水平，是搞好融资、投资、分配决策的有效保证。财务管理中必须考虑的重要因素是货币时间价值，它是以商品经济的高度发展和借贷关系的普遍存在为存在基础，且是一个客观存在的经济范畴。运用货币时间价值原则需要将企业投资项目未来的成本和收益通过现值来表示，如果未来收益的现值大于成本现值，并且未来风险投资收益高于无风险投资收益，则该项目可以实施，否则予以拒绝。

（四）战略管理原则

战略管理是为实现财务目标而进行的长远规划和控制的过程，包括以下四个环节：制定战略目标、确定战略规划、实施战略部署和业绩评价。战略管理原则要求企业应从财务目标的角度出发，在对经济周期、经济政策、税收政策、同行业竞争对手等财务环境进行充分分析研究的基础上，结合企业的实际情况制订出长远规划，掌握企业的发展方向，并能积极开展具体的运营活动。

（五）财务收支平衡原则

在财务管理工作中，收支平衡是其必须遵循的原则。如果企业资金出现收不抵支，则可能会导致资金链的中断或停滞。如果一定时期的收支总额是平衡的，但是收支不同步，出现先支出后收入的情况，就可能会影响资金的顺利周转。企业想要做到收支平衡，首先要做到增收节支。其次，企业要积极运用短期投资和筹资行为来调剂资金的短缺。一旦发现企业资金发生短缺，则应通过办理借款、发行短期债券等方式进行融资；当企业资金宽裕时，可以选择合适的项目进行短期投资。

三、财务管理的基本环节

财务管理的环节是指财务管理的一般工作步骤和程序。财务管理的环节是否严密、科学和完善，将直接关系到企业管理工作的成功与否。实践表明，一个健全的财务管理系统至少应包括以下五个基本环节：财务预测、财务决策、财务预算、财务控制、财务分析。这五个环节相互配合、联系紧密，最终形成周而复始的财务管理循环。

（一）财务预测

财务预测是根据企业财务活动的已有资料，结合企业现实条件及管理要求，对企业未来一段时间内的财务活动和财务成果进行科学预计和测算的过程。比如，可以通过对财务收支发展变化的预测，估算企业融资规模、结构和经营目标；通过对各项定额和标准的测定，为编制预算提供服务。财务预测工作一般应遵循以下步骤：（1）明确预测对象和目的；（2）收集和整理相关资料；（3）确定预测方法，建立预测模型；（4）确定并提供预测结果。

（二）财务决策

财务决策是指在财务目标的总体要求下，财务人员运用专门的决策方法从众多备选方案中选出最佳方案的过程。在现代企业财务管理系统中，财务决策为核心环节，对企业未来的发展方向起决定作用，也关系到企业的兴衰成败。财务决策一般应遵循以下工作步骤：（1）确定决策目标；（2）提出备选方案；（3）选择最优方案。

（三）财务预算

财务预算是指运用先进的技术手段和方法，对预算目标进行综合平衡，最终编制出主要计划指标的过程。财务预算必须以财务决策确立的方案和财务预测提供的信息作为基础进行编制，是对财务预测和财务决策所确定的经营目标进一步的系统化、具体化，也是控制、分析财务收支的基本依据。财务预算一般应遵循以下工作步骤：（1）分析财务环境，确定预算指标；（2）协调财务能力，组织综合平衡；（3）选择预算方法，编制财务预算。

（四）财务控制

财务控制是财务管理机构及人员以财务制度或预算指标为依据，采用特定的技术手段和方法，对各项财务收支进行日常的计算、审核和调节，将其控制在制度和预算规定的范围之内，发现偏差，及时进行纠正，以保证企业财务目标实现的过程。财务控制一般应遵循以下工作步骤：（1）分解指标，落实责任；（2）计算误差，实时调控；（3）考核业绩，奖优罚劣。

（五）财务分析

财务分析是以会计核算资料为依据，对企业财务活动的过程和结果进行分析研究，评价预算完成情况，分析影响预算执行的因素及变化趋势的过程。通过财务分析，企业可以掌握各项财务预算和财务指标的完成情况，检查国家有关方针、政策及财经制度、法规的执行情况，以不断改善财务预测和财务预算工作，提高财务管理水平。财务分析一般应遵循以下步骤：（1）收集资料，掌握信息；（2）计算对比，做出评价；（3）分析原因，明确责任；（4）提出措施，改进工作。

四、财务管理的目标

企业财务管理的目标是财务管理活动所期望实现的结果，也是对财务管理活动进行评价的基本标准。利益主体不同，因而其对财务管理目标的追求也会不同。比如，出资者与经营者之间、所有者与债权人之间所追求的目标都不尽相同。财务管理的目标不同，财务管理运行机制也应有所区别。财务管理的目标总体上有以下几种：

（一）利润最大化

利润最大化是指通过合理经营，采用最优的财务决策，在考虑资金时间价值、投入产出和风险价值的情况下，使企业的总价值达到最高。此原则也是企业财务管理人员在进行管理过程中决策和管理的根本。企业财务管理以利润最大化作为目标，具有一定的合理性，对企业经济效益的提高具有促进作用。但同时也存在以下几点问题：

1. 没有考虑利润的时间价值。
2. 没有考虑所取得的利润与投入资本的关系。
3. 没有科学地考虑获取利润的风险因素。
4. 企业在追求利润时容易产生短期行为，不利于企业的长远发展。

（二）每股盈余最大化

这种观点综合考察了企业的净利润和股东投入的资本。以每股盈余最大化作为企业财务管理的目标，可以回避追求"利润最大化"存在的缺点。但也存在以下几点问题：

1. 没有考虑风险因素。
2. 没有考虑每股盈余的时间价值。
3. 带有短期行为倾向，不利于长远发展。

（三）股东财富最大化

股东财富最大化目标是指通过财务上的合理经营，使企业股东的财富达到最大。股东财富的多少是由其所持有的股票价格决定的,即股票价格最高时,股东财富也最大。与利润最大化目标相比,股东财富最大化具有以下几个优点:

1. 便于计量、考核和奖惩。
2. 能够克服企业在追求利润上的短期行为。
3. 能够科学地考虑风险因素。

但是,股东财富最大化目标也存在以下问题:

1. 适用范围小,只适合上市公司。
2. 考虑问题的范围窄,主要考虑股东的利益,忽视了股东以外的企业其他关系人的利益。
3. 对收益的计量存在困难。

(四)企业价值最大化

企业价值最大化目标是指通过企业财务上的合理经营,采用最优的财务政策,充分考虑资金的时间价值及风险与报酬的关系,使企业的整体价值达到最大。企业价值最大化目标,具有以下几个优点:

1. 考虑问题更加全面,并且注重在企业发展中考虑各方利益关系。
2. 科学地考虑了风险和报酬的关系。
3. 考虑了取得报酬的时间,并能用时间价值原理进行计量。
4. 能够克服企业在追求利润上的短期行为。
5. 有利于社会资源的合理配置。

企业进行财务管理活动,就是要对报酬与风险之间的得失进行正确比较,力争实现二者之间的最佳平衡,使企业价值最大化。所以,企业价值最大化目标体现了企业对经济效益更深层次认识,也成为现代财务管理的最优目标。

第二节 资金时间价值

一、资金时间价值的概念

资金在周转使用过程中,由于时间因素而产生的差额价值,即资金在生产经营过程中带来的价值增值额,称为资金时间价值。

资金时间价值既可以用绝对数来表示,也可以用相对数来表示,即以利息额或利息率来表示。但是在实际工作中,通常以利息率进行计量。利息率实际就是社会资金利润率。根据社会资金利润率来确定各种形式的利息率(贷款利率、债券利率等)的水平。但是,一般的利息率既包括资金时间价值,也包括风险价值和通货膨胀因素。在利润平均化规律作用下,资金时间价值一般被认为是在没有风险和没有通货膨胀条件下的社会平均利润率。

二、资金时间价值的意义

（一）筹资决策、评价筹资效益的重要依据

筹资是企业资本运动的起点。在企业筹资活动中，资金时间价值是对筹资决策、筹资效益进行评价的重要依据。

第一，在选择筹资时机时，要考虑资金时间价值。一般来说，筹资时间和投资时间需要紧密衔接，即筹集资本之后需要尽快进行资本的投放，才能使所筹集资本及时地进行运作，从而避免资本的闲置浪费。但是在实际操作过程中，受到多方面因素的影响，筹资时间和投资时间并不完全一致，因此企业必须树立资金时间价值观念，对各项因素进行综合考虑，尽可能保持筹资时间与投资时间的一致。

第二，举债期限的选择要考虑资金时间价值。举债期限选择一般遵循以下原则：长期占用的资本用长期资金解决，短期占用的资本用短期资金解决。如果没有资金时间价值观念的话，可能发生短期占用的资本用长期资金来解决的情况，就会闲置浪费资金，增加了企业的筹资成本，加重了企业的财务负担。

第三，时间价值是对资本成本及资本结构进行决策的重要基础。企业要取得和使用资金必须要付出一定的代价，即存在资本成本。资金时间价值和风险价值的统一是资本成本的一个重要属性，即资金时间价值是资本成本的重要组成部分。在进行资本结构决策时，必须要考虑建立在资金时间价值基础上的资本成本。

（二）投资决策、评价投资效益的重要依据

首先，利用资金时间价值原理，能动态地对各种投资方案在不同时期的投资成本、投资报酬进行比较，避免了只是进行静态的简单比较，从而可以提高投资决策的正确性。目前进行投资决策时采用的主要方法基本都考虑了资金时间价值。其次，树立资金时间价值观念，投资者会有意识地加强投资经营管理，从而可以降低投资成本。最后，树立资金时间价值观念，投资项目建设期将大大缩短，争取早日投产，为项目获取更大的效益。

（三）考核经营成果的重要依据

资金时间价值是在不考虑风险及通货膨胀情况下的社会平均利润率。企业资金的利润率必须要不小于资金时间价值，即资金时间价值是企业资金利润率的最低水平，必须满足资金出让者对资金投入收益的最低要求。一般情况下，企业资金收支不会同时发生，为了对经营的最终成果进行正确评价，必须利用资金时间价值原理，将发生在不同时间点上的资金收支进行比较，从而得出正确的经营效益。

三、资金时间价值的计算

根据资金时间价值理论，可以将某一时点资金金额折算成其他时点的金额，以便于比较分析不同时点的资金量。

为方便起见，在对资金时间价值的计算方法进行介绍时，将有关变量用以下字母表示：

F——终值（本利和）；

P——现值（本金）；

A——年金；

i——利率（折现率）；

n——计息期数。

i 和 n 应相互配合，如 i 为年利率，n 应为年数；如 i 为月利率，n 应为月份数。

（一）单利的计算

单利是指只按本金计算利息，不对应付而未付的利息计算利息。例如，某人将 1000 元钱存入银行，存款年利率为 5%，1 年后本利和为 1050 元。若存款期限为 3 年，则每一年利息都是 50 元（1000×5%），则 3 年后的本利和为 1150 元。目前我国银行存贷款业务一般都按单利计算利息。

1.单利终值的计算

终值是指一定数额的资金在经过一段时期后所得到的价值，即资金在其运动终点的价值，在商业上也称作"本利和"，如前例中的 1150 元（1000+1000×5%×3），就是按单利计算的 3 年期存款的终值。单利终值的计算公式如下：

$$F=P+P\times i\times n=P\times(1+i\times n)$$

式中，$(1+i\times n)$ 为单利终值系数。

【例 6-1】某人持有一张带息票据，票据面额为 5000 元，票面利率为 6%，出票日期为 8 月 12 日，到期日为 11 月 10 日，共 90 天，则该持有者到期后可得到本利和为多少？

$$F=5000\times(1+6\%\times 90\div 360)=5000\times 1.015=5075（元）$$

2.单利现值的计算

现值是指将未来某一时点上的一定数额的资金折合成现在的价值，即资金在其运动起点上的价值，在商业上也称为"本金"。单利现值的计算公式如下：

$$P=F\times\frac{1}{1+i\times n}$$

式中，$\frac{1}{1+i\times n}$ 为单利现值系数。

可见，单利现值的计算同单利终值的计算是可逆的。由终值计算现值的过程称为折现。

【例 6-2】某人想在 3 年后购买 1 套公寓，价值为 1500000 元，则在利率为 6%、单利计算的条件下，此人现在应存入银行多少金额？

$$P=1500000\times\frac{1}{1+6\%\times 3}\approx 1271186（元）$$

（二）复利的计算

复利是指在计算利息时，要把上一期的利息并入本金中一起计算利息，即"利滚利"。

如某人将 1000 元钱存入银行，存款利率为 5%，若存款期限为 3 年。依据复利计算，则第 1 年的利息为 50 元（1000×5%），第 2 年的利息为 52.5 元（1050×5%），第 3 年的利息为 55.125 元（1102.5×5%）。在一般情况下，资金的时间价值按复利计算。

1.复利终值的计算（已知现值 P，求终值 F）

复利终值是指一定量的本金按复利计算若干期后的本利和。

【例 6-3】某企业将 80000 元现金存入银行，存款利率为 5%，如果存款期为 1 年，按照复利计算，则到期后的本利和为：

$$F=P+P×(1+i)=80000×(1+5\%)=84000（元）$$

假设该企业不提取现金，将 84000 元继续存入银行，则第 2 年的本利和为：

$$F=[P×(1+i)]×(1+i)=P×(1+i)^2=80000×(1+5\%)^2=88200（元）$$

若该企业将所得本利和继续存入银行，则第 3 年的本利和为：

$$F=\{[P×(1+i)]×(1+i)\}×(1+i)=P×(1+i)^3=80000×(1+5\%)^3=92610（元）$$

同理，第 n 年的本利和为：

$$F=P×(1+i)^n$$

上式就是复利终值的计算公式，其中 $(1+i)^n$ 一般称作"复利终值系数"，用符号 $(F/P, i, n)$ 表示。例如，$(F/P, 5\%, 3)$ 表示利率为 5%，第 3 期的复利终值系数。因此，复利终值的计算公式也可写作：

$$F=P×(F/P, i, n)$$

为了便于计算，复利终值系数可以通过查阅"1 元复利终值系数表"获得。"1 元复利终值系数表"的第 1 行是利率 i，第 1 列是计息期数 n，则 $(1+i)^n$ 的值在其纵横交叉处。通过该表可查出，$(F/P, 5\%, 3)=1.1576$，即在利率为 5%的情况下，现在的 1 元和 3 年后的 1.1576 元是等值的。

【例 6-4】某企业将 250000 元存入银行，存款利率为 6%，则按复利计算，5 年后本利和为多少？

$$F=250000×(F/P, 6\%, 5)=250000×1.3382=334550（元）$$

2.复利现值的计算（已知终值 F，求现值 P）

复利现值是指在未来某一时点的资金按复利计算的现在的价值，也可以说，为取得将来某一时点上一定量的本利和现在所需要的本金。

复利现值的计算公式如下：

$$P=F×\frac{1}{(1+i)^n}$$

式中，$\frac{1}{(1+i)^n}$ 一般称作"复利现值系数"，用符号 $(P/F, i, n)$ 表示。例如，$(P/F, 5\%, 3)$，表示利率为 5%，第 3 期的复利现值系数。因此，复利现值的计算公式也可以写作：

$$P=F×(P/F, i, n)$$

为了便于计算，复利现值系数可以通过查阅"1 元复利现值系数表"获得。该表的使用方法与"1 元复利终值系数表"相同。

【例6-5】 某企业欲投资某项目，预计5年后可获得收益6000000元。假定年利率（折现率）为10%，则这笔收益的现值为多少？

$$P = 6000000 \times (P/F, 10\%, 5) = 6000000 \times 0.6209 = 3725400 （元）$$

（三）年金的计算

年金是指定期或不定期的时间内相等金额的现金流入或流出。在年金问题中，系列等额收付的间隔期只要满足相等的条件即可，因此间隔期完全可以不是一年。

年金有多种形式，根据第一次收到或付出资金的时间不同和延续的时间长短，一般可分为普通年金、即付年金、永续年金和递延年金。

1.普通年金的计算

普通年金，也称后付年金，即在每期期末收到或付出的年金。

（1）普通年金终值的计算（已知年金A，求年金终值F）。普通年金终值是指其最后一次收到或支付时的本利和，它是每次收到或支付的复利终值之和。

如果年金相当于零存整取储蓄存款的零存数，那么年金终值就是零存整取的整取数。普通年金终值的计算公式可根据复利终值的计算方法计算得出：

$$F = A + A \times (1+i) + A \times (1+i)^2 + A \times (1+i)^3 + \ldots + A \times (1+i)^n \quad (1)$$

等式两边同乘 $(1+i)$，则有：

$$F \times (1+i) = A \times (1+i) + A \times (1+i)^2 + A \times (1+i)^3 + \ldots + A \times (1+i)^n + A \times (1+i)^{n+1} \quad (2)$$

式（2）–式（1）：

$$F \times (1+i) - F = A \times (1+i)^n - A$$

$$F \times i = A \times [(1+i)^n - 1]$$

即：

$$F = A \times \frac{(1+i)^n - 1}{i} \quad (3)$$

式（3）就是普通年金终值的计算公式。式中的分式 $\frac{(1+i)^n - 1}{i}$ 称作"年金终值系数"，记为 $(F/A, i, n)$，可通过直接查阅"1元年金终值系数表"求得有关数值。因此，普通年金终值的计算公式也可写作：

$$F = A \times (F/A, i, n)$$

即：

普通年金终值＝年金×年金终值系数

【例6-6】 假定某企业计划在5年建设期内每年年末向银行借款2000万元，借款年利率为10%，则该项目在竣工时应付的本息总额为多少？

$$F = 2000 \times (F/A, 10\%, 5) = 2000 \times 6.1051 = 12210.2 （万元）$$

（2）年偿债基金的计算（已知年金终值F，求年金A）。偿债基金是指为了在约定的未来某一时点清偿某笔债务或积聚一定数额的资金而必须分次等额形成的存款准备金。偿债基金的计算实际上是年金终值的逆运算，其计算公式为：

$$A = F \times \frac{i}{(1+i)^n - 1}$$

式中的分式 $A = F \times \frac{i}{(1+i)^n - 1}$ 称作"偿债基金系数",记作(A/F, i, n),可直接查阅"偿债基金系数表"获得有关数值。因此,年偿债基金的计算公式也可写作:

$$A = F \times (A/F, i, n)$$

年偿债基金=年金终值×偿债基金系数

年偿债基金的计算公式还可通过年金终值系数的倒数推算出来,即:

$$A = F / (F/A, i, n)$$

即:

年偿债基金=年金终值/年金终值系数

【例6-7】某企业有1笔5年后到期的债务,该债务本息共计1200万元。该企业打算从现在起每年等额存入银行1笔款项。假定银行存款利率为8%,则每年应存入多少金额?

$$A = 1200 / (F/A, 8\%, 5) = 1200 \div 5.8666 \approx 204.55(万元)$$

(3)普通年金现值的计算 (已知年金A,求年金现值P)。普通年金现值是指为在每期期末取得相等金额的款项,现在需要投入的金额。

普通年金现值的计算公式为:

$$P = A \times (1+i)^{-1} + A \times (1+i)^{-2} + A \times (1+i)^{-3} + \ldots + A \times (1+i)^{-(n-1)} + A \times (1+i)^{-n}$$

根据上式整理可得到:

$$P = A \times \frac{1 - (1+i)^{-n}}{i}$$

式中的分式 $\frac{1-(1+i)^{-n}}{i}$ 称作 "年金现值系数",记为(P/A, i, n),可通过直接查阅 "1元年金现值系数表" 求得有关数值。上式也可写作:

$$P = A \times (P/A, i, n)$$

即:

普通年金现值=年金×年金现值系数

【例6-8】某企业租入办公楼,租期3年,每年年末支付租金960000元。假定年利率为9%,则该企业3年内应支付的租金总额的现值为多少?

$$P = 960000 \times (P/A, 9\%, 3) = 960000 \times 2.5313 = 2430048(元)$$

(4)年资本回收额的计算 (已知年金现值P,求年金A)。年资本回收额是指在给定的年限内等额回收初始投入资本或清偿所欠债务的金额。年资本回收额的计算是年金现值的逆运算。其计算公式为:

$$A = P \times \frac{i}{1 - (1+i)^{-n}}$$

式中的分式 $\dfrac{i}{1-(1+i)^{-n}}$ 称作"资本回收系数",记为（A/P,i,n）,可通过直接查阅"资本回收系数表"或利用年金现值系数的倒数求得。因此,上式也可写作:

$$A = P \times (A/P, i, n)$$

年资本回收额=年金现值×资本回收系数

或:

$$A = P/(P/A, i, n)$$

年资本回收额=年金现值/年金现值系数

【例6-9】假设某企业计划以10%的利率借款3000万元,投资于某个寿命为10年的项目,则每年至少应收回多少钱才是可行的?

$$A = 3000/(P/A, 10\%, 10) = 3000 \div 6.1446 \approx 488.23（万元）$$

即每年至少要收回488.23万元,才能还清贷款本利。

2.即付年金的计算

即付年金,也称先付年金,即在每期期初收到或付出的年金。它与普通年金的区别仅在于收付款时间的不同。

（1）即付年金终值的计算。n期即付年金与n期普通年金的收付款次数相同,但由于其收付款时间不同（普通年金是在每期期末收到或付出相等的金额）,n期即付年金终值比n期普通年金的终值多计算一期利息。因此,在n期普通年金终值的基础上乘以（1+i）就是n期即付年金的终值。或者,在普通年金终值系数的基础上,期数加1,系数减1,便可得对应的即付年金的终值。计算公式如下:

$$F = A \times (F/A, i, n) \times (1+i)$$

即付年金终值=年金×普通年金终值系数×（1+i）

或:

$$F = A \times [(F/A, i, n+1) - 1]$$

即付年金终值=年金×即付年金终值系数

【例6-10】某公司决定连续3年于每年年初存入200万元作为住房基金,银行存款利率为8%,则该公司在第3年年末能一次取出的本利和为多少?

$$F = 200 \times (F/A, 8\%, 3) \times (1+8\%) = 200 \times 3.2464 \times 1.08 = 701.22（万元）$$

或:

$$F = 200 \times [(F/A, 8\%, 3+1) - 1] = 200 \times (4.5061 - 1) = 701.22（万元）$$

（2）即付年金现值的计算。同理,n期即付年金现值比n期普通年金现值多计算一期利息。因此,在n期普通年金现值的基础上乘以（1+i）就是n期即付年金的现值。或者在普通年金现值系数的基础上,期数减1,系数加1,便可得对应的即付年金的现值。计算公式如下:

$$P = A \times (P/A, i, n) \times (1+i)$$

即:

即付年金现值=年金×普通年金现值系数×（1+i）

或：

$$P = A \times [(P/A, i, n-1) + 1]$$

即付年金现值=年金×即付年金现值系数

【例6-11】某人购房，现有两种付款方式可供选择：一是现在一次付清，房款为万元；二是分期付款，于每年年初付款24万元，付款期为5年。假定银行利率为9%，此人应选择哪一种付款方式？

$$P = 24 \times (P/A, 9\%, 6) \times (1+9\%) = 24 \times 4.4859 \times 1.09 = 117.35 （万元）$$

因为100<117.35，所以应选择一次付款方式。

3.永续年金的计算

永续年金，即无限期等额收入或付出的年金，可视为普通年金的一种特殊形式，即期限趋于无穷的普通年金。存本取息可视为永续年金的例子。此外，也可将利率较高、持续期限较长的年金视同永续年金计算。

由于永续年金持续期无限，没有终止的时间，因此没有终值，只有现值。通过普通年金现值计算可推导出永续年金现值的计算公式：

$$P = A \times \frac{1-(1+i)^{-n}}{i}$$

当 $n \to \infty$ 时，$(1+i)^{-n}$ 的极限为零，故上式可写成：

$$P \approx A/i$$

【例6-12】某学校拟建立一项永久性的奖学金，每年计划颁发20000元的奖金。若银行存款利率为8%，现在应存入多少钱？

$$P = \frac{20000}{8\%} = 250000 （元）$$

4.递延年金的计算

递延年金，即第1次收到或付出发生在第2期或第2期以后的年金。也就是说，第1次收付款与第1期无关，而是隔若干期后才开始发生的系列等额收付款项。凡不是从第一期开始的年金都是递延年金。

（1）递延年金终值的计算。递延年金是普通年金的又一种特殊形式。递延年金终值只与A的个数有关，与递延期无关，因此递延年金终值的计算与普通年金计算一样，只是要注意期数。

【例6-13】某投资者拟购买1处房产，开发商提出了三个付款方案：方案①是现在起15年内每年年末支付10万元；方案②是现在起15年内，每年年初支付9.5万元；方案③是前5年不支付，第6年起到第15年，每年年末支付18万元。

假设按银行贷款利率10%复利计息，若采用终值方式比较，问哪种付款方式对购买者有利？

方案①：F=10×（F/A, 10%, 15）=10×31.772=317.72（万元）

方案②：F=9.5×[（F/A, 10%, 16）−1)]=9.5×（35.95−1）=332.03（万元）

方案③：F=18×（F/A, 10%, 10）=18×15.937=286.87（万元）

从上述计算可得出，采用方案三对购买者有利。

（2）递延年金现值的计算。递延年金现值的计算方法有三种：

方法1：P = A ×[（P/A，i，m +n）−（P/A，i，m）]

方法2：P = A ×[（P/A，i，n）×（P/F，i，m）]

方法3：P = A ×[（F/A，i，n）×（P/F，i，m +n）]

式中，m 表示递延期；n 表示连续实际发生的期数。

上述方法中，方法1是假设递延期中也进行收付，先求出（m+n）期的年金现值，然后扣除实际并未收付的递延期 m 的年金现值，即可得出最终结果。

方法2是把递延年金视为普通年金，求出递延期末的现值，然后再将此现值调整到第一期期初。

方法3是先求出递延年金的终值，再将其折算为现值。

三种方法第1次发生均在（m+1）期期末。如递延期 m=2，第1次发生在第3期期末（m+1=2+1=3）。

【例6–14】某人向银行贷款的年利率为8%，协议规定前3年不用还本付息，但从第4年至第10年每年年末偿还本息40000元，问这笔贷款的现值为多少？

递延年金的支付形式，前3期没有发生支付，即递延期 m=3。第1次支付在第4期期末（m+1），连续支付7次，即 n=7。m+n=3+7=10。

P=40000×[（P/A，8%，10）−（P/A，8%，3）]=40000×（6.7101−2.5771）=165320（元）

或 P=40000×[（P/A，8%，7）×（P/F，8%，3）]=40000×5.2064×0.7938=165314（元）

或 P=40000×[（F/A，8%，7）×（P/F，8%，10）]=40000×8.9228×0.4632=165322（元）

三种计算方法产生的尾差系小数点后数字四舍五入所致。

第三节　筹资和投资管理

一、筹资管理

企业筹资是指企业为了满足投资和用资的需要,通过一定的渠道,采取适当的方式,获取资金的一种行为。企业自主经营要求企业享有筹资的自主权,企业要生产发展需要充分利用社会的资金潜力。横向经济联合将会引起资金的横向流动,社会闲散资金逐步成为企业筹资的可靠来源。企业在进行资金筹集时,首先要对筹资的具体动机有所了解,依据筹资的基本要求,对筹资的渠道与方式进行合理选择。

(一)企业筹资的动机

企业筹资的基本目的是企业自身的维持与发展。特定的动机驱动企业的具体筹资活动。

筹资动机对筹资行为和结果具有直接的影响。筹资动机有些时候是单一的,而有些时候则是多个动机的结合,归纳起来主要有以下三类:

1. 扩张筹资动机

扩张筹资动机是企业因扩大生产经营规模或追加对外投资的需要而产生的筹资动机。一般来说,具有良好的企业发展前景、处于成长时期的企业通常会产生此种类型的筹资动机。

2. 偿债筹资动机

偿债筹资动机是企业为了偿还某些债务而形成的筹资动机,即借新债还旧债。偿债筹资动机一般有两种情形:一是调整性偿债筹资,即企业虽然有能力偿还到期的旧债,但为了对原有的资本结构进行调整,仍然举债,目的是使资本结构更加合理。二是恶化性偿债筹资,即企业现有的支付能力不能偿付到期债务,而被迫举债还债,这种情况表明了企业的财务状况已经恶化。这种筹资动机的结果不能扩大企业资产总额和筹资总额,只是会改变企业的债务结构。

3. 混合筹资动机

企业因同时需要长期资金和现金而形成的筹资动机,称为混合筹资动机。通过混合筹资动机进行筹资,既能够扩大企业的资产规模,又能够偿还部分旧债。

(二)企业筹资的基本原则

企业筹资是一项重要而复杂的工作,为了有效地筹集企业所需资金,必须遵循以下基本原则:

1. 规模适当原则。在企业发展的不同时期对资金需求量会有所不同,企业财务人员要对生产经营状况进行认真分析研究,采用一定的方法,对资金的需求量进行预测,确定合理的筹资规模。

2. 筹措及时原则。企业财务人员在筹集资金时,对资金时间价值原理和计算方法必须熟知,以便于能够根据对资金需求的具体情况,合理安排筹资时间,适时获取所需资金。

3. 来源合理原则。不同来源的资金,对企业的收益和成本会产生不同影响,因此,企业进行资金来源选择时,要认真研究资金来源渠道和资金市场的情况,合理选择资金来源。

4. 方式经济原则。企业在进行筹资时,要确定筹资数量、筹资时间、资金来源,认真研究各种筹资方式。企业筹集资金既需要承担一定的风险,也需要付出一定的代价,使用不同的筹资方式,资金成本会不同。为此,就需要认真分析和对比各种筹资方式,选择较为经济、可行的筹资方式进行筹资,从而降低成本,减少风险。

(三)企业筹资的渠道和方式

筹集资金的渠道是指企业取得资金的来源。企业的资金来源主要有:接受投入资金、借入资金、企业内部积累和结算资金。

筹集资金的主要方式是指企业获取资金的具体形式,如借入资金,有银行贷款和发行债券两种具体的筹资方式。因此,筹资的各种渠道与方式之间,既有联系,又有区别。企业进行筹资时,需要将各种筹资渠道和方式有机结合,做出合理的选择,从而满足企业筹资需要,提高投资效果。

二、投资管理

(一)企业投资的概念和类型

企业投资是指企业将资金投入生产经营过程,期望能够从中获取收益的一种行为。在市场经济条件下,企业作为独立的经济实体,总是通过投资来对其经营规模和经营范围不断地扩大,不断地寻找新的收入和利润来源,并在投资中分散企业经营风险。因此,投资活动在企业的生产经营活动过程中占有非常重要的地位。

按照不同的标准,企业的投资可以被划分为直接投资与间接投资、短期投资与长期投资、对内投资与对外投资等不同类型。直接投资是将资金投放于生产经营性资产,以便取得投资利润的投资。在一般的工业企业中,直接投资所占比重较大。间接投资又称有价证券投资,是将资金投放于证券等金融资产,以便获取股利或利息收入的投资活动。短期投资又称流动资产投资,是指能够在一年或者一年以内的营业周期里对资本进行回收的投资,主要是针对现金、应收账款、存货、短期有价证券等的投资。长期投资是指在大于一年的营业周期里才能收回资本的投资活动,主要是对厂房、机器设备等固定资产的投资,也包括对无形资产和长期有价证券的投资。对内投资又称内部投资,是指将资金投放于企业内部,用于购置各种生产经营所用的资产的投资活动。对外投资是指企业通过多种方式对本企业外其他单位的投资活动。

为了谋取利润,提高企业价值,企业投资显得尤为重要。企业投资活动受到经济、政治、文化、法律、市场、技术等各种因素的影响,是一个复杂的、充满风险的管理过程。

(二)投资管理的基本要求

1.认真进行市场调研,敏锐捕捉投资机会。企业投资活动是从捕捉投资机会,确定投资方向开始的。

2.搜集和整理资料,认真对投资项目的可行性进行分析。进行投资项目可行性分析必须以搜集和整理资料为前提,可行性分析也是进行投资决策的关键环节。

3.进行投资决策,编制资本预算。根据经济学理论知识,当投资项目的边际收益等于边际成本时,其投资收益达到最大,投资规模达到最佳。一旦最佳投资项目被选定后,就需要开始编制资本预算,通过对项目财务进行评估,对选定投资方案分年度的用款额度和项目各年需要投入的资本总量进行科学预测,以此为依据进行资本的筹措,保证项目顺利进行,早日产生投资收益。

4.监督投资预算的执行,对企业的投资风险进行适当控制。企业在进行投资时,既要考虑投资收益,也要考虑投资风险情况。只有在收益和风险达到最佳平衡状态时,才能够增加企业的价值,实现企业财务管理的目标。

（三）影响投资的因素

1.现金流量。现金流量是影响企业投资的首要因素。在投资决策分析中,通常把投资方案的全部资金支出称为现金流出量,把项目建成后全部可收回的资金称为现金流入量。

2.货币的时间价值。等量货币在不同时间上的价值具有差异,所以在进行投资决策分析时,货币的时间价值是必须要考虑的问题。

3.投资风险及风险价值。所有的投资活动都需要承担一定的风险。而对于有风险的投资活动,在进行决策时既要考虑货币的时间价值,也要分析投资方案中相关因素对决策方案经济效果的影响程度,还需要进一步考虑投资的风险价值。

4.资金成本。资金成本是指在企业筹集和使用资金过程中的各项支出及应付的利息和费用。在投资过程中,评价投资项目可行性最主要的经济指标是资金成本。

5.通货膨胀。在投资过程中,有无通货膨胀对企业的投资方案会产生重大影响。在没有通货膨胀的条件下,决策者可以使用货币对投资项目的投入和产出综合成现金流量进行计量。但在有通货膨胀的情况下,企业的收益会因通货膨胀率的不同而发生变化。另外,在评价投资方案时应该确定通货膨胀对使用贴现率的影响。

（四）长期投资管理

长期投资是指投资期限超过一年,不准备随时变现的投资活动。一般可分为内部长期投资和外部长期投资两种。

1.内部长期投资,是指对企业内部的各种长期经营性资产的投资活动,包括对固定资产、无形资产及其他资产的投资。在进行固定资产投资决策时,需要充分考虑风险因素。

2.外部长期投资,是指企业为了获取未来收益或满足某些特定用途,以其货币资金、实物资产或无形资产等形式,投资于外部单位的经营活动。在市场经济条件下,投资的收益与风险并存。因此,企业在进行投资时,必须掌握一定的投资原则,包括收益性原则、安全性原则、合法性原则和合理性原则等。

（五）流动资产管理

1.流动资产的特点

流动资产是指企业可以在一年或一年以内的营业周期内变现或运用的资产,其价值表现就是流动资金,包括现金、银行存款、短期投资、应收及预付款项、应收票据、存货等。流动资产具有三个主要特点:（1）流动性大,周转期短;（2）流动资产在不断周转循环中,存在着资金分部并存性和资金运动的继起性;（3）随着资产的周转循环,流动资产不断改变其价值形态。

2.流动资产管理的原则

（1）以市场为中心,服务于生产和流通的市场经济原则。

（2）加强经济核算,提高经济效益。

（3）科学化管理,提高流动资产管理水平。

（4）贯彻责、权、利相结合,建立经营管理责任制。

3.流动资产管理的内容

（1）现金管理。现金管理包括三方面的内容：编制现金预算；建立最佳的现金余额；加强现金预算控制和检查。

（2）短期投资管理。短期投资的种类主要包括：对国库券、短期融资券、可转让存单、银行承兑汇票、公司股票和债券等进行的投资。

（3）应收账款管理。应收账款指企业通过对外销售产品、提供劳务产生的收益，被购货单位或接受单位占用尚未收回的资金。应收账款一般具有增加销售、扩大市场份额、减少库存积压等作用。应收账款管理主要包括以下内容：加强对信用条件的调查掌握，确定合适的信用方式和信用期间，加强应收账款的催收，监督应收账款回笼，必要时可以采用法律手段回收应收账款。

（4）存货管理。存货是指企业在生产经营过程中为销售或耗用而储备的物资。存货管理要求合理处置存货数量、存货时间、存货结构和存货空间之间的关系。

第四节　成本费用管理

一、成本费用管理的意义

对企业生产经营过程中生产经营费用的发生和产品成本的形成所进行的预测、计划、控制、分析和考核等一系列管理工作被称作成本费用管理。

加强成本费用管理是企业增加生产的必要手段。生产经营过程中物化劳动和活劳动的耗费体现在成本费用上，所以加强成本费用管理变得尤为重要。在节约了物化劳动和活劳动的耗费前提下，企业便可以用同样的耗能生产出更多的产品，满足社会需要。

加强成本费用管理是企业增加利润的根本手段。企业生产的最主要目标是提高经济效益，获取最大的利润。在产品的质量、价格相同的前提条件下，成本费用越低，利润就会越多。因此，提高企业利润的根本措施有以下几个方面：加强成本费用管理，采取各种有效管理措施控制费用开支，降低产品成本。

加强成本费用管理是提高企业竞争能力的重要手段。企业的生存和发展与企业的竞争能力息息相关。提高产品质量和降低产品的价格是增强企业的竞争能力的有效手段。同时，在降低产品价格的基础和前提下，就必须做到降低成本费用。

加强成本费用管理是全面提高企业工作质量的重要途径。成本费用是企业综合性的经济指标。成本费用直接或间接地反映了企业经营管理中各方面工作的业绩，为了促使企业加强经济核算、提高管理水平，需要加强对成本费用的管理。

二、成本费用的分类

在企业生产经营过程中,成本费用以多种多样的表现形式体现,科学合理的分类便可加强其管理。

(一)按成本费用的经济用途分类

以工业企业为例,成本费用按经济用途可以划分为生产成本和期间费用两大类。按照企业的特点,生产成本和期间费用还可以进一步划分为若干项目,称为成本费用项目。

1.生产成本,即制造成本,主要是指与企业生产产品直接相关的费用,一般包括直接材料、直接人工、其他直接支出、制造费用四个成本项目。

直接材料,是指企业生产经营过程中实际消耗的原材料、辅助材料、备品配件、外购半成品、燃料、动力、包装物及其他直接材料。

直接人工,是指企业直接从事产品生产人员的工资、奖金、津贴和补贴。

其他直接支出,是指直接从事产品生产人员的职工福利费等。

制造费用,是指企业各个生产单位(分厂、车间)为组织和管理生产所发生的各种费用。

2.期间费用,是指在企业生产经营过程中发生的,与企业的生产活动没有直接联系,属于某一时期耗费的费用。在工业企业当中,期间费用包括管理费用、财务费用和销售费用三类。

管理费用,是指企业行政管理部门为管理和组织企业的生产经营活动而发生的各项费用。

财务费用,是指企业为筹集资金而发生的各项费用。

销售费用,是指企业在销售产品、自制半成品和提供劳务等过程中发生的各项费用及专设销售机构的各项经费。

(二)按成本费用与产品产量之间的关系分类

按照成本费用与产品产量之间的关系,可以将其分为变动成本费用、固定成本费用和混合成本费用三类。

变动成本费用是指随着产品产量增减变动而按比例变动的成本费用。固定成本费用是指不随产品产量的变动而变动的成本费用。混合成本费用是指同时具有变动成本费用和固定成本费用性质的费用。

三、成本费用管理的要求

第一,正确划分各种费用支出的界限,保证成本计算的正确性。一定时期内一定数量的产品成本承担的并非企业在生产经营过程中发生的全部成本费用。对各种费用支出的界限进行分析及划分,对产品成本确定有利,也有利于收入与费用的合理配比。

第二,加强成本费用管理的基础工作。成本核算与控制是成本费用管理的前提,主要有以下几个方面:做好各项定额、预算的制订和修订工作,建立和健全各项原始记录,加强计量检测工作；完善内部结算价格等。同时，要在此基础上，建立和健全一整套成本费用的管理制度，从而使成本费用管理工作有章可循。

第三，实行全面成本费用管理。成本费用可以综合反映企业整个生产经营过程中的资金耗费情况。只有在实行全面成本费用管理的前提下，才能达到降低成本费用、增加企业盈利的目的。

第五节　收入和利润管理

一、收入管理

（一）收入的含义及构成

收入是指企业在生产经营活动中，由于销售产品或提供劳务等经营业务所取得的收入。

收入是对一定时期企业生产经营成果进行衡量的重要标志，是企业实现利润的主要源泉。

企业收入的两大部分分别是主营业务收入和其他业务收入。在工业企业中，主要经济活动所取得的收入是主营业务收入，这是企业的一项基本业务收入，在企业的营业收入中占有重要地位。主营业务收入包括对商品、产品和自制半成品进行销售及通过提供工业性劳务所取得的收入。其他业务收入是企业基本业务以外不进行独立核算的其他业务或附营业务所取得的收入。

为了说明企业财务管理的重点，将营业收入划分为主营业务收入和其他业务收入，从而使企业分清主次、有重点地实施管理。为了扩大产品销售量、提高财务成果、优化财务状况，一定程度上，抓好收入管理具有重要意义。

（二）收入的管理

1.收入预测。收入预测是指企业对本企业的商品在一定的时间和空间内可以实现的营业收入进行科学的预计和测算。其方法既有定性预测方法，如主观判断、经验分析、逻辑推理等，也有利用数学方法进行的定量预测方法，如简单平均法、移动平均法、加权平均法、回归分析法和模型预测法等。

2.收入计划。收入计划是在收入预测的基础上，对未来一定时期的营业收入进行的规划。企业的营业收入计划分别由基本业务收入计划和其他业务收入计划两个部分组成。编制营业收入计划主要用来确定计划期内营业收入，同时确定销售预算、生产预算、现金收支预算等其他方面，最终达到以此来控制企业整个生产经营过程的目的。

3.收入的日常管理。收入的日常管理包括：及时签订销售合同，并按合同组织生产活动；加强对产品的保管，及时组织发运；做好结算工作，及时回收货款，加快资金周转；做好售后服务工作，及时对市场信息进行反馈，努力提高企业信誉，增强企业的市场竞争力；及时对营业收入进行分析、考核、评价。

二、利润管理

（一）利润形成

利润是一定期间内企业生产经营的综合成果，是企业纳税的基础，也是财务预测的重要内容。

企业的利润总额包括营业利润、投资净收益和营业外收支净额三个部分。在这里，笔者以工业企业为例说明其具体内容。

$$利润总额=营业利润+投资净收益+营业外收支净额$$

1.营业利润。它是营业收入扣除成本、费用和各项流转税及附加税费后的数额，即：

$$营业利润=产品销售利润+其他业务利润-管理费用-财务费用$$

式中：

$$产品销售利润=产品销售收入-产品销售成本-产品销售费用-产品销售税金及附加$$
$$其他业务利润=其他业务收入-其他业务支出$$

2.投资净收益。它是指投资收益扣除投资损失后的数额。其计算公式：

$$投资净收益=投资收益-投资损失$$

3.营业外收支净额。它是指营业外收入减去营业外支出的差额。其计算公式：

$$营业外收支净额=营业外收入-营业外支出$$

（二）利润分配

利润总额减去缴纳的所得税后，即为企业的净利润，也就是可供分配的利润。

1.利润分配的内容及顺序

利润分配的内容及顺序如下：

（1）支付被没收的财物损失及各项税收滞纳金和罚款。

（2）弥补以前年度的亏损，即弥补超过国家规定税前利润抵补期限，应以税后利润弥补的亏损。

（3）提取法定盈余公积金，即按税后利润扣除前两项后的10%提取。盈余公积金已达到注册资本的50%时，可不再提取。盈余公积金可用于弥补亏损或用于转增资本金，但转增资本金时，以转增后留存企业的法定盈余公积金不少于注册资本的25%为限。

（4）向投资者分配利润。企业以前年度未分配的利润，可以并入本年度向投资者分配。

股份制公司在提取法定盈余公积金后，按照下列顺序分配公司利润：

（1）支付优先股股利。

（2）提取任意盈余公积金。按照公司章程或股东大会决议提取和使用。

（3）支付普通股股利。当无利润时，不得分配股利，但在用盈余公积金弥补亏损以后，经股东大会特别决议，可按照不超过股票面值6%的比率用盈余公积金分配股利。

在分配股利后，企业法定盈余公积金不得低于注册资金的25%。

2.股利支付方式及支付程序

（1）股利支付方式

① 现金股利，是企业直接用现金的方式将股利支付给投资者。

② 财产股利，是企业用现金以外的资产对投资者支付股利。

③ 股票股利，是企业利用额外发行股票的方式将股利支付给投资者。

④ 负债股利，是企业利用债券、应付票据的方式将股利支付给投资者。

（2）股利支付程序

① 股利宣告日，是企业董事会公告股利支付情况的日期。

② 股权登记日，是有权领取股利的股东资格登记截止日期。

③ 除息日，是领取股利的权利与股票相互分离的日期。

④ 股利支付日，是向股东发放股利的日期。

3.股利分配政策

企业采用不同的股利分配政策会产生不同的影响，在分配时，在关系到投资者的切身利益的同时也会对企业的理财目标产生一定影响。法律因素、企业因素和股东因素这三个方面决定了企业股利分配政策的制定。在进行股利分配的实务中，企业一般常用的股利分配政策包括以下几种：

（1）剩余股利政策。当企业的投资机会较好时，企业根据最佳资本结构，对投资所需的权益资本进行测算，先从盈余中留用，然后将剩余的盈余作为股利予以分配。

（2）固定股利或稳定增长股利政策。将每年发放的股利固定在某一水平上，并在较长时期内不发生改变。只有当企业认为未来盈余水平将会显著地、不可逆转地增长时，才会对每年股利的发放额进行提高。

（3）固定股利支付率政策。由企业确定一个股利占盈余的比例，在较长时期内按此比例分配股利的政策。

（4）低正常股利加额外股利政策。一般情况下，企业每年只支付固定的、数额较低的股利。只有在盈余较多的年份，才会向股东发放额外股利。

（三）利润管理的主要内容

利润是企业经营成果的综合表现。想要抓住企业生产经营管理的"牛鼻子"，就需要抓住利润管理。在进行利润管理时，既要制订目标利润，也要不断寻求利润增加的途径。

1.目标利润的制订

目标利润是在一定时期内，要求企业必须实现的利润水平。常用的目标利润确定方法有以下几种：

（1）基期利润调整法。即在上年实现利润的基础上，依据计划期有关因素的变化及其趋势进行调整计算的方法。其计算公式为：

$$预期目标利润=上年实际利润\times（1\pm有关因素影响的调整比率）$$

（2）量、本、利分析法。它是利用销售量、成本与利润之间的相互关系对计划期

各指标变化趋势进行分析研究,进而确定目标利润的一种方法。其基本公式如下:

$$目标利润产销量 = \frac{固定成本 + 目标利润}{单位售价 - 单位变动成本}$$

$$目标利润销售额 = \frac{固定成本 + 目标利润}{1 - \frac{单位成本}{单位售价}}$$

在实际测算时,制订目标利润时可依据上述公式,综合考虑销售数量、单位售价、单位变动成本、固定成本及产品结构等因素变化对利润的影响方向与影响程度等。

2. 企业增加利润的主要途径

营业利润是企业利润总额的主体,一般情况下,产品(商品)销售利润占营业利润的绝大部分,因此,增加企业利润的主要途径有以下几种:

(1)扩大产品或商品销售。在单位利润不变的情况下,扩大与增加销售规模和销售数量,是增加销售收入和利润总额的有效方法。

(2)努力降低经营成本。成本与利润互为反向影响。在收入不变的情况下,降低成本可增加利润;在收入增加的情况下,降低成本可使利润更快增长;在收入减少的情况下,降低成本,也可对利润的下降产生抑制作用。

(3)提高产品质量,合理制定价格。企业通过应用现代技术,以合理的价格为市场提供高质量的产品,扩大市场销量,增加企业利润。

(4)优化产品结构。对现有产品结构进行优化,以期提高市场竞争力、扩大产品销售量、增加企业利润。

第六节 财务报表与财务分析

一、财务报表

为有关各方了解企业的财务信息和加强企业自身的管理提供帮助,企业需要定期编制和报送财务报表,以反映企业的财务状况、经营成果及财务状况的变动情况。企业的财务报表主要包括资产负债表、利润表和现金流量表。

1. 资产负债表

资产负债表用来反映企业在会计期末的资产、负债和所有者权益的基本情况,一般在月末和年末编制。资产负债表按照会计等式编制,一般有两种形式:账户式和报告式。我国的资产负债表采用账户式。

2. 利润表

利润表也称损益表,是反映企业在一定期间生产经营成果的财务报表。利润表要求每月编报,并且要计算累计数。

3. 现金流量表

企业产生现金流的能力反映了企业的生产经营能否正常进行。企业在一定会计期间内的现金和现金等价物流入和流出的信息一般由现金流量表来进行反映,报表使用者能据此了解和评价企业获取现金和现金等价物的能力,并对企业的未来现金流量进行预测。

现金流量表中的现金是指企业的库存现金及可以随时用于支付的存款。现金等价物是指企业持有的期限短、流动性强、易于转换为现金、价值变动风险较小的短期投资。现金流量是指一定时期内企业现金流入和流出的数量。

二、财务分析

(一)财务分析概述

为改进企业财务管理工作和优化经济决策提供重要的财务信息,反映企业在运营过程中的利弊得失和发展趋势,财务分析以企业财务报告及其他相关资料为主要依据,对企业的财务状况和经营成果进行评价和剖析。

(二)财务分析的方法

在运用一定方法的基础上,可开展财务分析活动。财务分析的常用方法包括趋势分析法、比率分析法和因素分析法三种。

第一种,趋势分析法,又称水平分析法,是通过对比两期或连续数期财务报告中的相同指标,确定其增减变动的方向、数额和幅度,以此说明企业财务状况或经营成果变动趋势的一种方法。

第二种,比率分析法,是通过对各种比率指标的计算来确定经济活动变动程度的分析方法。

第三种,因素分析法,是依据分析指标与其影响因素的关系,从数量上确定各因素对分析指标影响方向和影响程度的一种方法。

(三)财务指标分析

总结和评价企业财务状况与经营成果的分析指标通常包括偿债能力指标、营运能力指标、盈利能力指标和发展能力指标四种。

1. 偿债能力分析

偿债能力是指企业偿还到期债务的能力。偿债能力包括短期偿债能力分析、长期偿债能力分析(资本结构分析),以及偿债能力保障程度分析。

(1)短期偿债能力分析。短期偿债能力指企业以流动资产偿还流动负债的能力。常用指标包括流动比率、速动比率和现金比率三种。

①流动比率。流动比率是企业的流动资产与流动负债的比率,是衡量企业偿付即将到期债务能力的指标。其计算公式为:

$$流动比率 = \frac{流动资产}{流动负债} \times 100\%$$

②速动比率。速动比率是企业的速动资产与流动负债的比率,是衡量企业运用随时可变现资产偿付到期负债能力的指标。其计算公式为:

$$速动比率 = \frac{速动资产}{流动负债} \times 100\%$$

其中,速动资产=流动资产-存货-预付账款-待摊费用。

③现金比率。现金比率是企业的货币资金和短期证券之和与流动负债的比率。其计算公式为:

$$现金比率 = \frac{货币资金 + 短期证券}{流动负债} \times 100\%$$

(2)长期偿债能力分析(资本结构分析)。长期偿债能力指标主要包括负债比率、所有者权益比率、固定比率、固定长期适合率、长期负债与所有者权益比率等。

①负债比率。负债比率又称资产负债率,是企业的负债总额与资产总额的比率。其计算公式为:

$$负债比率 = \frac{负债总额}{资产总额} \times 100\%$$

②所有者权益比率。所有者权益比率是指企业的所有者权益总额与资产总额的比率。

其计算公式为:

$$所有者权益比率 = \frac{所有者权益总额}{资产总额} \times 100\%$$

对于股份公司来说,所有者权益比率又被称为股东权益比率。其计算公式为:

$$股东权益比率 = \frac{股东权益总额}{资产总额} \times 100\%$$

所有者权益比率与负债比率之和应该等于1。

③固定比率。固定比率是企业的固定资产净值与所有者权益的比率。其计算公式为:

$$固定比率 = \frac{固定资产净值}{所有者权益} \times 100\%$$

④固定长期适合率。固定长期适合率是企业的固定资产净值与所有者权益和长期负债之和的比率。其计算公式为:

$$固定长期适合率 = \frac{固定资产净值}{所有者权益 + 长期负债} \times 100\%$$

⑤长期负债与所有者权益比率。这个比率是对长期债权人提供的资本和企业所有者权益的比例关系进行反映的指标。

(3)偿债能力保障程度分析。所谓偿债能力保障程度分析,主要是衡量企业对固定利息费用所提供的保障程度。其计算公式为:

$$收益支利息保障倍数 = \frac{净利润+利息费用+所得税}{利息费用} \times 100\%$$

收益对利息本金保障倍数是企业一定时期的净现金流量与还本付息金额的比率。其计算公式为：

$$收益对利息保障倍数 = \frac{净利润+利息费用+折旧费用}{利息费用+年度还本额 \times \frac{1}{1-所得税税率}}$$

2. 营运能力分析

企业营运能力的强弱主要取决于资产与权益的周转速度。周转速度越快，资金使用效率越高，营运能力越强。

（1）存货周转率。存货周转率是指企业一定期间的销货成本与平均存货成本的比率。其计算公式为：

$$存货周转率 = \frac{销货成本}{平均存货成本} \times 100\%$$

（2）应收账款周转率。应收账款周转率是企业的赊销净额与平均应收账款余额的比率。

其计算公式为：

$$应收账款周转率 = \frac{赊销净额}{平均应收账款余额} \times 100\%$$

反映应收账款变现速度的另一个指标为应收账款周转天数，计算公式为：

$$应收账款周转天数 = \frac{计算期天数}{应收账款周转次数}$$

（3）营运资金周转率。营运资金周转率是企业在一定期间的销售净额与平均营运资金余额的比率。其计算公式为：

$$营运资金周转率 = \frac{销售净额}{平均营运资金余额} \times 100\%$$

$$平均营运资金余额 = \frac{营运资金年初数+营运资金年末数}{2}$$

（4）固定资产周转率。固定资产周转率是企业在一定期间的销售净额与平均固定资产净值的比率。其计算公式为：

$$固定资产周转率 = \frac{销售净额}{平均固定资产净值} \times 100\%$$

（5）全部资产周转率。全部资产周转率是企业在一定期间的销售净额与平均资产总额的比率。其计算公式为：

$$全部资产周转率 = \frac{销售净额}{平均资产总额} \times 100\%$$

3. 盈利能力分析

盈利能力是指企业获取利润的能力。评价企业盈利能力的财务比率主要有资产报酬率、股东权益报酬率、销售净利率和成本费用净利率。

（1）资产报酬率，也称资产收益率、资产利润率或投资报酬率，是企业在一定时期的净利润与平均资产总额的比率。

$$资产报酬率 = \frac{净利润}{平均资产总额} \times 100\%$$

$$平均资产总额 = \frac{期初资产总额 + 期末资产总额}{2}$$

（2）股东权益报酬率，也称净资产报酬率、净值报酬率或所有者权益报酬率，它是一定时期企业的净利润与股东权益平均总额的比率。

$$股东权益报酬率 = \frac{净利润}{股东权益平均总额} \times 100\%$$

$$股东权益平均总额 = \frac{期初股东权益 + 期末股东权益}{2}$$

（3）销售净利率。销售净利率是企业净利润与销售收入净额的比率。

$$销售净利率 = \frac{净利润}{销售收入净额} \times 100\%$$

（4）成本费用净利率。成本费用净利率是企业净利润与成本费用总额的比率。

$$成本费用净利率 = \frac{净利润}{成本费用总额} \times 100\%$$

4. 发展能力指标

分析发展能力主要考察五项指标：销售增长率、资本积累率、总资产增长率、三年销售平均增长率和三年资本平均增长率。

$$销售增长率 = \frac{本年主营业务收入增长额}{上年主营业务收入总额} \times 100\%$$

5. 财务指标综合分析

单独分析任何一项财务指标，都无法全面评价企业的财务状况和经营成果。所以，通过相互关联的分析，能够对企业财务状况和经营成果有一个总的评价。一般可将营运能力、偿债能力、盈利能力和发展能力等诸方面的分析纳入一个有机的整体之中进行综合性的评价。

第七章

创业型管理与企业创新

第一节 创业型企业的创建

一、创业者的特征、素质与能力

（一）创业者的特征
一般来讲，创业者具有以下基本特征：

1. 强烈的成就感。成就感是人们对自己事业成功的认可程度。低成就感的人对现实状况容易满足，而高成就感的人往往乐于与某种较高的标准进行攀比，并希望不断地超越别人甚至自己。

2. 比较强的独立性。主要体现在自主抉择、自主行为、独立思考、大胆创新等方面。

3. 很强的自信心。自信心是创业者走向成功的重要保障。

4. 承担风险的意愿。在市场经济中，机会与风险共存。只要创业，就必然会有风险，且事业的范围和规模越大，伴随的风险也就越大。愿意承担风险是创业者对事业追求的一种积极的心理状态。

5. 创业的激情。创业是一个长期努力奋斗的过程，立竿见影的事是极少的。在方向目标确定后，创业者就要朝着既定的目标一步步迈进，纵有千难万险，也不轻易改变、半途而废。保持创业的激情，是创业成功的关键因素。

6.良好的人际关系。良好的人际关系可以帮助创业者排除交流障碍，化解各种矛盾，提高办事效率，增加成功概率，且在遇到困难时能及时得到相应的帮助。

7.创新意识。能在瞬息万变的市场环境中不断推陈出新是创业生存的一个重要环节，只有不断推出新产品、新服务、新方法，才能获得生存与发展的空间，才能创业成功。

8.冷静面对挫折的心理素质。能够冷静面对挫折是创业者走向成功的重要条件。

（二）创业者的素质

根据我国的创业环境及众多成功案例，创业者应锻炼以下几方面的基本素质：

1.心理素质。所谓心理素质是指创业者的心理条件，包括自我意识、性格、气质、情感等心理构成要素。作为创业者，其自我意识特征应为自信和自主，性格应刚强、坚持、果断和开朗，情感应更富有理性色彩。

2.身体素质。所谓身体素质是指身体健康、体力充沛、精力旺盛、思维敏捷。现代企业的创业与经营是艰苦而复杂的，创业者工作繁忙、时间长、压力大，如果身体不好，必然力不从心，自然就难以承担创业重任。

3.知识素质。创业者的知识素质对创业起着举足轻重的作用。创业者要进行创造性思维，做出正确决策，必须掌握广博知识，具有一专多能的知识结构。具体来说，创业者应该具有以下几方面的知识：用足、用活政策，依法行事，用法律维护自己的合法权益；了解科学的经营管理知识和方法，提高管理水平；掌握与本行业、本企业相关的科学技术知识，依靠科技进步增强竞争能力；具备市场经济方面的知识，如财务会计、市场营销、国际贸易、国际金融等。

4.能力素质。创业者至少应具有如下能力：创新能力、分析决策能力、预见能力、应变能力、用人能力、组织协调能力、社交能力、激励能力。

当然，这并不是要求创业者必须完全具备这些素质才能去创业，但创业者本人要有不断提高自身素质的自觉性和实际行动。提高素质的途径：一靠学习，二靠改造。要想成为一个成功的创业者，就要做一个终身学习者和改造自我者。

（三）创业者的能力

创业之初，创业者通常会面临复杂多变的社会环境，且创业者所能够控制的资源十分有限。因此，要求创业者具备以下几方面能力：

1.敏锐的洞察力和快速的反应能力。新的创业企业不仅面对来自提供相同产品的对手的竞争，而且面对来自替代品、供应商、顾客及其他新进入者的竞争，甚至还可能与行业外的公司争夺人才和资金。这些情况的发生，往往具有突发性。因此，需要创业者具有面对复杂局面且没有充足时间分析的情况下迅速做出决策的能力。

2.领导与决策能力。创办一个企业，不仅需要处理大量的事务性问题，而且要为企业建章立制。因此，创业者还需要具备相当的领导能力与决策能力，把企业的员工和业务安排得井井有条，并能及时处理所遇到的各种问题。

3.交流与沟通能力。在企业创建与经营的过程中，创业者不仅要同市场监管、税务等各环节的管理人员打交道，而且要同客户、供应商、经销商等各个渠道、各行各业的人交往。没有良好的交流与沟通能力，企业的生存与发展将非常困难。

4.经营管理能力。一般来说，创业初期的企业规模较小，员工也少，企业的大事小情都要创业者亲力亲为。这一时期，创业者个人能力中的业务能力、客户开发能力、综合应变能力都十分重要。创业者的经营管理能力往往是解决企业生存问题的第一要素。

5.资源整合能力。很多创业者在创业初期对资源的占有程度远不能满足企业发展需要，资源不足使创业的成功率降低。但要具备完全充分的资源也不现实，创业者在只具备部分条件的情况下，同市场中条件相对较好的公司去竞争并站稳脚跟，这就要求创业者能把不为自己拥有的资源变成能充分为自己所用的资源，即具有资源的整合能力。

二、创业者类型

国内创业者基本可以分成以下几种类型：

第一种类型：生存型创业者。这类创业者大多为下岗工人、失去土地或因为种种原因不愿困守乡村的农民，以及刚刚毕业找不到工作的大学生。

第二种类型：变现型创业者。这类创业者是指过去在行政、事业单位掌握一定权力，或者在国企、民营企业担任经理人期间积累了大量资源的人，在机会适当的时候，开公司办企业，实际是将无形资源变现为有形的货币。

第三种类型：主动型创业者。这类创业者又可以分为两种，一种是盲动型创业者，一种是冷静型创业者。

第四种类型：赚钱型创业者。

创业者有其共性。研究其共性，并把握这些共性，是一件非常有意义的事情。

三、创业机会

创业机会主要是指具有较强吸引力的、较为持久的有利于创业的商业机会，创业者据此可以为客户提供有价值的产品或服务，并同时使创业者自身获益。

投资创业要善于抓住好机会，把握住每个稍纵即逝的投资创业机会，就等于成功了一半。怎样发现创业的机会，具体表现在以下几个方面：

1.产业结构的变化。
2.科技进步。
3.通信革新。
4.政府放松管制。
5.经济信息化、服务化。
6.价值观与生活形态化。
7.人口结构变化。

第二节　企业可持续发展与创新

一、企业可持续发展的含义

企业可持续发展是指企业在追求自我生存和永续发展的过程中，既要考虑企业经营目标的实现和提高企业市场地位，又要保持企业在已领先的竞争领域和未来扩张的经营环境中始终保持持续的盈利增长和能力的提高，保证企业在相当长的时间内长盛不衰。

企业发展是指企业面对未来未知环境的适应，使企业得以进一步运行，实现企业目标。

可持续发展既要考虑当前发展的需要，又要考虑未来发展的需要；不能以牺牲后期的利益为代价换取眼前的发展，满足眼前利益。同时可持续发展也包括面对不可预期的环境震荡，而持续保持发展趋势的一种发展观。

二、企业创新的含义

创新就是建立新的生产函数，即企业家对生产要素的新组合，也就是把一种从来没有过的生产要素和生产条件的新组合引进生产体系，从而引起生产方式的变革，形成一种新的生产能力。具体来说，创新包括以下五种情况：

1.引进一种新产品，就是消费者还不熟悉的产品或提供一种产品的新功能。

2.采用一种新的生产方法，也就是有关的制造部门还未采用过的方法。这种新的方法并不需要建立在新的科学发现基础上，可以是商业上处理一种产品的新的方式。

3.开辟一个新的市场，就是使产品进入以前不曾进入的市场，不管这个市场以前是否存在过。

4.获得一种原材料或半成品的新的供给来源，不管这种来源是已经存在的，还是第一次创造出来的。

5.实行一种新的企业组织形式，如造成一种垄断或打破一种垄断地位。

三、企业创新与可持续发展

企业发展战略是对企业发展中整体性、长期性和谋略性问题的科学实际、新颖、独特、简单的解决办法。随着社会、科技、经济的迅速发展变化，竞争日益加剧，目标市场变得日益难以琢磨。实施企业战略管理必须培养企业的核心能力。只有拥有核心能力，企业才能在未来的市场竞争中赢得优势并获取丰厚利润。建立核心能力所需的要素涉及企业的生产、经营、管理、文化等各个方面，企业的各部门只有相互协调、相互配合，共同关注企业的长远发展，共同追求如何获得在未来市场上的竞争优势地位，才能在发展中立于不败之地。自主创新是拥有核心能力的关键。自主创新的概念有两层含义：一是来源于自主研究开发基础上的创新；二是来源于引进技术基础上的自主创新。强调科技自主创新是要加强在引进基础上的消化吸收和创新。

第三节 企业创新管理

一、 技术创新管理

（一）正确理解技术创新

1.技术创新是一种使科技与经济一体化，加速技术应用速度，提高技术应用效率与效益的发展模式。其核心是科研活动与经济建设的一体两面，本质是科学技术转化为现实生产力的桥梁与中介。

2.技术创新是一个从新产品或新工艺设想的产生到市场应用的完整过程。它包括从某种新设想的产生，经过研究开发或技术引进、中间试验、产品试制和商业化生产到市场销售这样一系列的活动。

3.技术创新的成果通常是以实体形态的技术装置和工具表现的物质产品，同时也包括工艺、方法等软件技术以及设计图样、技术文件等知识形态的产品。

4.技术创新是一种以技术为基础和导向的创新活动，但它并不强调任何一项创新都以研究和开发为起点。这就是说，从科学发现的原理找到依据，构思出可行的技术模型，设计和制造出新的产品，是技术创新；不直接依靠发现和发明，而利用现有的大量技术储备，改进与组合已发明的技术，也是技术创新；将成熟的技术转移到新的领域或地区，同样也是技术创新。

5.企业家是技术创新主体的灵魂。技术创新是企业家抓住市场潜在的盈利机会，重新组合生产条件、要素和组织，从而建立效能更强、效率更高和生产费用更低的生产经营系统的活动过程。一般来说，它主要包括新产品、新工艺的制造和改进，新生产方式、新组织体制的管理系统的建立和运行，新资源的开发和利用，新需求、新市场的开拓与占领等。

6.技术创新以产生商业化的产品和工艺为目的，并以商业价值的实现为其成功的标志。

（二）技术创新的内容

企业要在激烈的市场竞争中处于主动地位，就必须顺应甚至引导社会技术的进步，不断地进行技术创新。一定的技术都是通过一定的物质载体来实现的，企业技术创新的内容主要表现在要素的创新、要素组合方法的创新和产品创新。

1.要素创新。企业的生产过程是一定的劳动者利用一定的劳动手段作用于劳动对象，使之改变物理、化学形式或性质的过程，参与这一过程的要素包括材料、设备及企业员工等三类。

（1）材料创新。材料是构成产品的物质基础，材料费用在产品成本中占很大比重，材料的性能在很大程度上影响产品的质量。

（2）设备创新。设备是现代企业进行生产的物质技术基础，不断进行设备创新，有利于改善企业产品的质量，减少原材料、能源的消耗。

（3）人员创新。任何生产手段都需要依靠人来操作和利用，企业在增加新设备、使用新材料的同时，还需不断提高人员的素质。

2.要素组合方法创新。利用一定的方法将不同的生产要素加以组合是形成产品的先决条件。要素组合方法的创新包括生产工艺创新和生产过程的时空组织创新两个方面。

（1）生产工艺的创新。生产工艺是劳动者利用劳动手段加工劳动对象的方法，包括工艺过程、工艺配方、工艺参数等内容。

（2）生产过程时空组织的创新。生产过程的组织包括设备、工艺设备、在制品以及劳动者在空间上的布局和时间上的组合。

3.产品创新。生产过程中各种要素组合的结果是企业向社会贡献的产品。产品是企业的象征，产品的创新是企业技术创新的核心内容，企业只有不断地组织并实现产品的创新，才能保持持久的竞争力，充满生命力。企业产品的创新内容包括品种的创新、产品结构的创新及产品使用价值在实现过程中的创新三个方面。

（1）品种的创新。品种创新要求企业根据市场需要的变化，根据顾客偏好的转移，及时地调整企业的生产方向和生产结构，不断地开发出受顾客欢迎的、适销对路的产品。

（2）产品结构的创新。产品结构创新要求企业在不改变原有品种的基本性能的前提下，对现有生产的各种产品进行改进和改造，找出更加合理的产品结构。

（3）产品使用价值在实现过程中的创新。也称市场创新，主要通过企业的营销活动进行。

（三）技术创新的决定因素

1.竞争程度。竞争引起技术创新的必要性。竞争是一种优胜劣汰的机制，技术创新可以给企业带来降低成本、提高产品质量和经济效益的好处，帮助企业在竞争中占据优势。因此，每个企业只有不断进行技术创新，才能在竞争中击败对手，保存和发展自己，获得更大的超额利润。

2.企业规模。企业规模的大小从两个方面影响技术创新的能力，一方面，技术创新需要一定的人力、物力和财力，并承担一定的风险。规模越大，这种能力越强；另一方面，企业规模的大小影响技术创新所开辟的市场前景的大小。一个企业规模越大，它在技术上的创新所开辟的市场也就越大。

3.垄断力量。垄断力量影响技术创新的持久性。垄断程度越高，垄断企业对市场的控制力就越强，其他企业就越难以进入该行业，也就无法模仿垄断企业的技术创新，垄断企业技术创新得到的超额利润就越能持久。

在这种市场结构中，技术创新又可分为两类。

（1）垄断前景推动的技术创新，指企业由于预计能获得垄断利润而采取的技术创新。

（2）竞争前景推动的技术创新，指企业由于担心自己目前的产品可能在竞争对手模仿或创新的条件下丧失利润而采取的技术创新。

二、市场创新管理

（一）企业市场创新的含义

人们一般把开辟一个新的市场和控制原材料的新供应来源归纳为市场创新。企业市场创新是指企业从微观的角度促进市场构成的变动和市场机制的创造，以及伴随新产品的开发对新市场的开拓、占领，从而满足新需求的行为。

（二）市场创新的内容

1. 开拓新市场

（1）地域意义上的新市场，指企业产品以前不曾进入过的市场。它包括老产品进入新市场。

（2）需求意义上的新市场，指现有的产品和服务都不能很好地满足潜在需求时，企业以新产品满足市场消费者已有的需求欲望。

（3）产品意义上的新市场。将市场上原有的产品，通过创新变为在价格、质量、性能等方面具有不同档次的、不同特色的产品，可以满足或创造不同消费层次、不同消费群体需求。

2. 创造市场"新组合"

市场创新又是市场各要素之间的新组合，它既包括产品创新和市场领域的创新，也包括营销手段的创新，还包括营销观念的创新。

市场营销组合是指综合运用企业可控制的因素，实行最优化组合，以达到企业经营的目标。市场营销组合观念是市场营销观念的重要组成部分。营销组合为实现销售目标提供了最优手段，即最佳综合性营销活动，也称整体市场营销。市场营销组合观念认为，企业可以控制的产品、定价、分销与促销诸因素，都是不断发展变化的变数。在营销过程中，任一因素的变化都会出现新的市场营销组合。

市场创新与市场营销反映了两种不同的思路：市场营销以质量普通而销路广的商品为基础，以总体成本取胜，以市场分享为目标，着重广告、推销和价格战等手段。因此，资金最为充足的企业在"战"中取胜的可能性较大。而市场创新则靠产品和服务的差别性取胜，致力于市场创造，即提出新的产品概念，建立新的标准和市场秩序，因而最具有创造精神的企业取胜的可能性最大。

可见，市场新组合是从微观角度促进已有市场的重新组合和调整，建立一种更合理的市场结构，赋予企业以新的竞争优势和增值能力，这就是市场创新的宗旨所在。

（三）市场创新的方式

市场创新的方式很多，概括起来有产品方式、价格方式、广告方式、公关方式等。

1. 市场创新的产品方式

市场创新的产品方式就是以一种新异的、独具一格的产品或服务来开拓新的市场，这是创业家市场创新的一个重要内容。

以产品方式进行市场创新，首先，要以市场的"趋势"为依据，有目的地研制出能满足顾客"真正需要"的产品；其次，要辅之以市场创新的价格和广告等其他创新方式，使产品由生产者手中成功地"跳跃"到消费者手中。

2. 市场创新的价格方式

市场创新的价格方式是指创业家如何利用价格这个工具来应付竞争和开拓市场。价格创新方式可分为高价方式和低价方式两种。

（1）以高价格创新。高价格创新方式是许多创业家在实践过程中积累的宝贵经验，这种方式只适用于特定的场合。这些场合如下：

①稀缺性商品。

②质优性商品。同类产品中，高价总意味着高质量、高档次。当企业要显示自己的产品与其他同类产品相比，质量、性能和服务更超群时，可以定高价。高价能满足人们追求精品和档次的心理。

③贵族性商品。

④初生性商品。当市场上有较大的需求潜力、顾客求新心强，而竞争对手尚未形成时，企业推出新产品可以定高价，树立品牌威望和地位，同时也可较快收回开发产品的投资。

以高价进行市场创新必须注意解决这样一些问题：

第一，高价格低渗透问题。也就是商品价格高但市场占有率低，解决这个问题可以通过产品策略、渠道策略和促销策略。

第二，高价格导致仿效者问题。由于高价往往得高利，所以高价商品容易招致众多的仿效者。

（2）以低价格创新。低价格创新方式就是以低于市场上同类商品的价格向特定的顾客群体提供商品。这种方式一般适用于生产批量大、销售潜力高、产品成本低而顾客又较熟悉的产品。

低价可以使原来潜在的消费者变成现实的消费者，使市场的外延扩大。创业初期的企业可以考虑使用低价策略，刺激消费，扩大销售量，逐渐提高市场占有率，使企业安全度过危险期。

三、制度创新管理

企业制度创新是企业管理创新的保证。

（一）企业制度创新的含义

所谓企业制度创新，就是指随着生产力的发展，要不断对企业制度进行变革，因而通常也可以称之为企业制度再造。企业制度创新对企业来讲是极其重要的，因为企业本身就是一种生产要素的组合体，企业对各生产要素的组合，实际上就是依靠企业制度而组合起来的。正是因为如此，不少人在谈到企业的定义的时候，都认为企业就是一个将各种生产要素按一定制度组合起来的经营主体。由此可见，企业制度对于企业来说，是极其重要的。

现代企业制度创新是为了实现管理目的，将企业的生产方式、经营方式、分配方式、经营观念等规范化设计与安排的创新活动。制度创新是把思维创新、技术创新和组织创新活动制度化、规范化，同时又具有引导思维创新、技术创新和组织创新的功效。它是管理创新的最高层次，是管理创新实现的根本保证。

企业制度创新的目的是建立一种更优的制度安排，调整企业中所有者、经营者、劳动者的权力和利益关系，使企业具有更高的活动效率。

（二）企业制度的重要性

企业制度的重要性，主要表现在这样几个方面：

1.企业制度是企业赖以存在的体制基础。企业作为各种生产要素的组合体，实际上就是通过制度安排来组织各种生产要素的，企业制度是对各种生产要素进行组合的核心纽带和基础。

2.企业制度是企业及其构成机构的行为准则。因为企业本身的运行行为和企业内部的各种组织机构的活动行为，都要受到企业制度的约束，所以企业制度决定了企业本身和企业构成机构的行为规则和行为规范。企业及企业中的各种组织机构，都必须遵守企业制度的安排，不能违反企业制度的任何一种安排。

3.企业制度是企业员工的行为规范。企业员工作为企业的组成人员，必须遵守体现企业制度要求的各种规则，也就是要按照企业制度的要求对员工的行为进行规范。

4.企业制度是企业高效发展的活力源泉。企业活力虽然来自许多方面，但主要是来自企业制度安排。如果企业制度的安排非常有利于调动企业中的各种生产要素的积极性，那么这个时候企业就是最有活力的；反之，企业就是最没有活力的。

5.企业制度是企业有序化运行的体制框架。企业要有序化运行，就必须要按照一定的程序运行，而要按照一定的程序运行，就必须要有一个运行的程序。企业制度实际上就是约束企业各种生产要素的行为和企业本身行为的一种准则。

6.企业制度是企业经营活动的体制保证。企业的所有经营活动，无论是生产经营活动，还是资本经营活动，都必须要在一定的体制框架中进行，这种体制框架就是企业制度。

（三）我国企业制度创新的内容

制度创新是指引入新的制度安排，如组织的结构、组织运行规范等。大的如整个国家的经济体制，小的如具体企业的组织形态、运行机制。

作为市场微观基础的企业组织，要适应这一巨大变革，必须建立适应市场经济体制运作的各种规章制度及运作方式，也就是建立现代企业制度。目前，我国企业制度创新主要体现在以下几个方面：

1.建立出资人制度。变国有企业为国家投资企业，经过资产评估或清产核资，量化对企业投资的总量，国家对国有资产的管理从委托、授权转变为运营和投资。政资分离后，那些代表国家专营国有资产的部门、控股公司、资产运营公司承担出资人的有限责任。

2.建立法人财产权制度。企业总资产一方面来自出资人，一方面来自债权人。企业具有对总资产所表现出来的如资金、物资、人力、设备、物业等多种资源形态的优化、处置、组合权力，以期达到资产增值和扩充的目的。

3.所有者权益制度。国有出资人对投资企业、已经组织起集团的母公司对控股子公司，充分建立起所有者权益制度。所有者权益制度表现为对经营者选择的控制、对投资回报的控制、对重大经营决策的控制。

4.建立法人治理结构。科学地规范和健全企业的治理结构，实现股东会、董事会、经理层的各司其职、相互制约是企业领导体制的重大变革。

5.企业的配套制度。主要指与制度创新的配套展开相关的基本制度，如人事制度、分配制度、财务制度、投资管理制度等。企业制度创新是一个多层次的体系，需要各不同主体包括政府、企业和个人形成"合力"才能完成。

参考文献

[1]黄保强.现代企业制度[M].上海：复旦大学出版社，2005.

[2]高程德.现代公司理论[M].北京：北京大学版社，2000.

[3]张鑫.现代企业制度概论[M].上海：同济大学出版社，2006.

[4]王国平.构建现代企业制度[M].北京：文汇出版社，2002.

[5]牛国良.现代企业制度[M].北京：北京大学出版社，2006.

[6]李泽厚.国有企业改革与建立现代企业制度[M].北京：法律出版社，2001.

[7]王东彬.产权结构与现代企业制度[J].特区经济，2005（9）.

[8]刘光明.企业文化[M].北京：经济管理出版社，2005.

[9]俞明南，易学东.现代企业管理[M].大连：大连理工大学出版社，2006.

[10]弯红地.现代经营管理[M].成都：西南财经大学出版社，2008.

[11]马红光.企业管理概论[M].北京：科学出版社，2008.

[12]刘晓欢.企业管理概论[M].北京：高等教育出版社，2005.

[13]王效昭，赵良庆.现代企业管理学[M].合肥：安徽人民出版社，2008.

[14]伍爱，黄丽.现代企业管理学[M].广州：暨南大学出版社，2009.

[15]王基建，白玉.现代企业管理[M].武汉：武汉理工大学出版社，2005.

[16]朱南.现代企业管理[M].成都：西南财经大学出版社，2005.

[17]孙逸敏.现代企业管理[M].北京：机械工业出版社，2005.

[18]严成根.现代企业管理[M].北京：清华大学出版社，2005.

[19]杨艳英，李柏松.企业文化修炼案例[M].北京：蓝天出版社，2006.

[20]杨刚，陈国生，王志章.现代企业文化理论与实践[M].西安：西安电子科技大学出版社，2009.

[21]王成荣.企业文化学教程[M].北京：中国人民大学出版社，2008.